독립군이 된 어머니
윤희순 / 남자현 / 정정화

천천히읽는책 35 **독립군이 된 어머니** 윤희순/남자현/정정화

김소원 글

펴낸날 2019년 8월 1일 초판1쇄 | 2020년 5월 26일 초판2쇄
펴낸이 김남호 | **펴낸곳** 현북스
출판등록일 2010년 11월 11일 | 제313-2010-333호
주소 04071 서울시 마포구 성지길 27, 4층 | **전화** 02)3141-7277 | **팩스** 02)3141-7278
홈페이지 http://www.hyunbooks.co.kr | **인스타그램** hyunbooks
편집 이경희 | **디자인** 정진선 | **마케팅** 송유근 | **영업지원** 함지숙
ISBN 979-11-5741-171-9 73910

글 ⓒ 김소원 2019

사진제공 임시정부기념사업회, 독립기념관, 국사편찬위원회 한국사데이터베이스, 서명희

이 책은 저작권법에 의하여 보호를 받는 저작물이므로 무단 전재 및 복제를 금지하며,
이 책 내용의 전부 또는 일부를 이용하려면 반드시 저작권자와 현북스의 허락을 받아야 합니다.

⚠ 주의 종이에 베이거나 긁히지 않도록 조심하세요. 책 모서리가 날카로우니 던지거나 떨어뜨리지 마세요.

독립군이 된 어머니

윤희순 / 남자현 / 정정화

글 김소원

머리말

윤희순, 남자현, 정정화를
꼭 기억하세요!

　올해는 3·1 운동 100주년이면서 임시 정부 수립 100주년이라는 뜻깊은 한 해였습니다. 이번 3·1 운동 100주년에는 여성 독립운동가를 되짚어 보는 여러 활동들이 있었습니다. 3·1 운동을 맞아 국가보훈처에서는 여성 독립운동가 75명을 추가로 서훈하면서 여성 독립운동가는 434명이 되었습니다. 전체 독립운동가 15,511명에 비하면 적은 수이기는 하지만 이번 3·1 운동 100주년에 자칫 잊힐 뻔한 여성의 독립운동 활동이 널리 알려진 일은 뜻깊었습니다.

　하지만 여러분에게 여성 독립운동가 이름을 말해 보라고 하면 몇 명이나 이야기할 수 있을까요? 어쩌면 유관순 한 명만 알고 있는 사람도 많을 것입니다. 그건 우리의 잘못이 아니고, 그동안 나라에서 여성 독립운동가를 소홀히 대했기 때문입니다. 실제로 중·고등학교 역사 교과서에도 여성 독립운동가는 11명 정도가 언급된다고 합니다.

 434명 여성 독립운동가 가운데 세 분을 이번에 소개하고자 합니다. 윤희순, 남자현, 정정화! 이 세 여성은 제가 특별히 존경하는 분들이면서 독립운동에 굵직한 발자취를 남겼습니다. 윤희순은 우리나라에서 최초로 의병을 일으킨 여성이고, 남자현은 직접 암살 활동을 하였던 여성이고, 정정화는 임시 정부 활동을 했던 여성입니다.

 이번 책에서는 세 분이 걸었던 길을 되짚어 보면서 그분들이 남긴 글이나 신문 기사를 중요 자료로 삼았습니다. 마침 윤희순은 〈해주 윤씨 일생록〉에 자신의 활동을 담았습니다. 그녀가 남긴 노래와 글을 되새기면서 독립운동 활동을 되짚으려고 합니다. 남자현은 따로 남긴 글은 없지만 여러 신문 기사와 남자현을 회고하는 글들을 참고하였습니다. 정정화는 《장강일기》에 독립운동 일대기를 정리해 놓았습니다. 책에 담긴 말씀을 되짚어 보면서 그녀의 독립운동 활동을 따라가고자 합니다.

이 세 분을 알게 된 일은 저에게도 기쁨이었습니다.

윤희순은 철종 임금 때 태어나 고종 임금 때에 성장했습니다. 여러분은 '가부장'이라는 말을 많이 들어 보았을 것입니다. 가장인 아버지가 가정에서 절대적인 권력을 가진 것을 말하는데, 조선 시대는 가부장 사회였습니다. 가부장 시대에 자라난 분이 스스로 삶을 개척해 나가는 점이 놀라웠습니다.

남자현은 고종 임금 때 태어난 분입니다. 마흔 살이 넘어서 독립운동에 뛰어들어 군사 훈련에 참가하고, 쉰 살이 넘어서는 직접 의열 활동도 했습니다. 그래서 독립운동은 젊은 사람들만 한다는 생각을 뒤집어 주었습니다.

정정화는 신학문을 받아들인 집안에서 태어났습니다. 고생을 모르며 자랐는데, 스스로 임시 정부를 찾아 떠나간 여성이었습니다. 정정화의 《장강일기》를 보면 그분의 뛰어난 역사 인식을 잘 알 수 있습니다.

이 책을 읽고 난 뒤에는 여성 독립운동가를 말하라고 하면 이 세 분의 이름은 기억나겠지요? 이 세 분 이름을 꼭 기억해 달라고 부탁드리겠습니다. 또 서훈을 받지는 못했지만 많은 독립운동가들이 있었다는 것도 잊지 않았으면 좋겠습니다. 아무도 모르게 독립 자금을 내어주었던 분들, 독립운동가를 숨겨 주었던 분들, 일제의 온갖 수탈에도 굳건히 자기 삶을 살아 낸 분들을 기억해야겠습니다. 이런 분들이 있어서 우리가 '대한민국'이라는 나라 이름을 잃지 않고 지금의 엄마 아빠와 살아가고 있는 것입니다.

　이 책을 읽고 우리나라의 역사와 여성들의 삶에 관심 갖는 사람이 되기 바랍니다. 고맙습니다.

2019년 8월 김소원

차례

머리말　　　　　　　　　　　　　4

최초의 여성 의병장 **윤희순**　　　 11

호랑이 같은 기상을 지닌 **남자현**　 47

임시 정부의 어머니 **정정화**　　　79

■ 윤희순의 〈해주 윤씨 일생록〉을 바탕으로 하였습니다.

최초의 여성 의병장
윤희순

1895년(을미년) 10월 8일 새벽 5시경, 조선 임금 고종이 정치를 펼치던 경복궁. 자객들이 긴 사다리를 타고 담을 넘어 정문인 광화문을 열었습니다. 광화문이 열리자 일본 군인들이 북쪽에 있는 건청궁을 향해 달려갔습니다. 조선 군인들이 맞섰지만 이미 좋은 무기들을 빼앗긴 뒤라 당하지 못했습니다. 건청궁은 고종의 비 명성 황후가 생활하는 곳이었습니다. 일본 군인들은 건청궁을 포위하고, 자객들은 안으로 들어가 궁녀들 머리채를 잡아끌며 왕비가 있는 곳을 대라고 윽박지르며 비슷하게 생긴 궁녀들을 죽였습니다. 죽은 사람들 가운데에서 명성 황후 시신을 확인한 자객들은 왕비를 건청궁 동쪽 숲속에서 장작더미를 놓고 시신을 불태웠습니다. 한 나라 왕비가 외국 자객들에 의해 죽임을 당한 이 사건을 을미년에 일어나 '을미사변'이라고 합니다.

을미사변이 일어났는데도 고종은 아무 힘을 발휘하지 못했습니다. 오히려 일본은 김홍집을 내세워 내각을 구성하고 머리를 자르라는 '단발령'을 발표했습니다. 왕비가 일본인 손에 처참하게 죽었는데도 나라가 아무것도 하지 못한 데다가 부모님에게서 물려받은 머리를 자르라고 하자 백성들은 의병을 일으켰습니다.

'의병'은 쳐들어온 외적을 물리치기 위해 백성들이 스스로 만든 군대입니다. 을미년에 일어난 의병이라 '을미 의병'이라고 부릅니다. 을미 의병은 우리나라 근대 역사에서 처음으로 일어난 의병입니다.

그런 중에 강원도 춘천 남면, 골목 담벼락에 흰 종이에 한글로 써 내려간 글이 붙었습니다.

왜놈 대장 보거라.
너희 놈들이 우리나라가 욕심나면 그냥 와서 구경이나 하고 가지, 우리가 너희 놈들한테 무슨 잘못이 있느냐. 우리나라 사람 이용하여 우리나라 임금 괴롭히며 우리나라를 너희 놈들이 무슨 일로 통치를 한단 말이냐. 아무리 유순한 백성인들 가만히 보고만 있을 줄 알았단 말이냐. 절대로 우리 임금 괴롭히지 말라. 만약 너희 놈들이 우리 임금님, 우리 안사

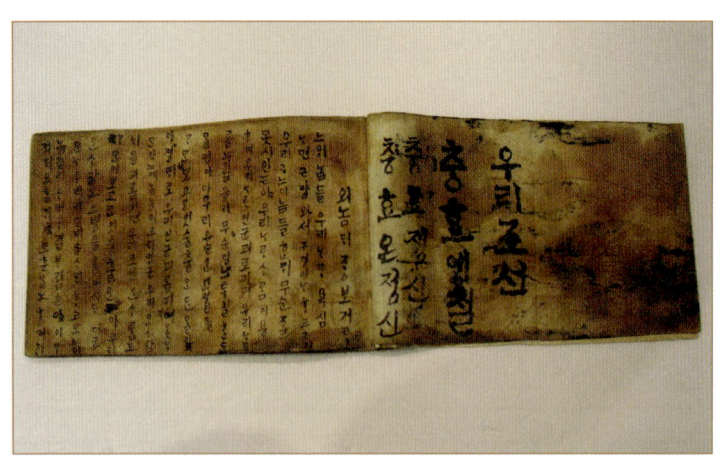
을미년에 윤희순이 일본 대장에게 보낸 경고장

람네를 괴롭히면 우리 조선 안사람도 가만히 보고만 있을 줄 아느냐. 우리 안사람도 의병을 할 것이다. 더군다나 우리 민비를 살해하고도 너희 놈들이 살아서 가기를 바랄쏘냐. (……) 이용도 그만하고 재주도 그만 부려라. 좋은 말로 달랠 적에 너희 나라로 가거라. 대장 놈들아, 우리 조선 안사람이 경고한다.

– 조선 선비의 아내 윤희순

의병 활동을 위한 노래를 만들다

자기 이름을 당당하게 밝힌 윤희순은 춘천시 남면 발산리에서 살고 있는 36세의 여성으로, 남편 유제원, 세 살 된 아들 유돈상, 시아버지 유홍석과 가정을 이루고 있었습니다. 시아버지 유홍석은 유교 전통을 지키자는 입장을 가진 학자였습니다. 앞이 안 보이는 어두운 어느 밤, 유홍석이 조용히 며느리 윤희순을 불렀습니다.

"의병을 하러 갈 것이니 집안일에 힘쓰거라. 전장에 나가 소식이 없더라도 조상을 잘 모셔라."

유홍석

"저도 가겠습니다."

시아버지는 눈물을 글썽이며 말했습니다.

"아가, 너는 자손을 충성스럽고 훌륭한 자손으로 잘 길러라."

시아버지와 남편 유제원은 그길로 집을 나섰습니다. 윤희순은 두 사람이 가는 모습을 바라보다가 산으로 올라가서 돌로 단을 만들어 두 사람이 의병에서 이기고 돌아오게 해 달라고 기도를 올렸습니다. 이제 집에는 윤희순과 어린 아들 둘만 남았습니다. 시아버지는 대부분의 유학자들처럼 여자가 할 일은 집안을 잘 챙기고, 제사를 잘 지내고, 나라에 충성할 수 있는 자손을 기르는 것이라고 생각했습니다. 하지만 윤희순은 가만히 있을 수 없었습니다. 종이를 꺼내 일본 대장에게 경고하는 '왜놈 대장 보거라'를 써 내려간 것입니다.

조선 사회는 유교를 바탕으로 한 사회였습니다. 유교는 '충, 효, 열'을 중요하게 여겼습니다. '충(忠)'은 신하가 임금을 섬기며 나라에 충성하는 것이고, '효(孝)'는 자식이 부모에게 효도하는 것이고, '열(烈)'은 아내가 남편을 섬기는 것을 뜻했습니다. 그런데 '충'은 남자들만 하는 것으로 여겨 나라에서 내리는 충신문을 받은 사람들은 다 남자였습니다. 이런 사회에서 윤희순이 '충'을 이야기하는 것은 시대를 앞선 생각이었습니다.

의병은 전국에서 일어났습니다. 의병들은 김홍집 내각이 발표한 내용을 따르는 관찰사와 군수 들을 친일파로 규정하고 처단하였습니다. 또 의병을 진압하려는 일본군과 관군에 대항하여 싸웠습니다. 윤희순의 시아버지와 남편이 활동하는 춘천 의병들은 강원도 관찰사를 처단하고 한양으로 가기 위해 가평으로 나아갔으나 관찰사 처단 소식을 듣고 파견된 관군과 싸워 지고 말았습니다. 시아버지와 남편이 의병을 하러 간 지도 벌써 10개월이 지나고 있었습니다. 윤희순은 두 사람의 소식을 몰라 애가 타고 있었는데 불쑥 시아버지와 남편이 집으로 돌아왔습니다.

"그동안 성공도 하고 실패도 하였다. 그런데 네가 눈이 오나 비가 오나 그렇게 지성이었으니 고맙구나."

반가운 마음도 잠시, 두 사람은 하룻밤만 집에 머물고 다시 의병 활동을 하러 제천으로 떠났습니다. 을미 의병은 전국에서 일어났지만 가장 규모가 크고 성격이 뚜렷한 곳이 유인석이 이끄는 제천 의병이었습니다. 유인석은 시아버지 유홍석과 사촌지간이었습니다. 두 사람이 떠나고 며칠 뒤 다른 지역 의병대들이 마을로 몰려왔습니다.

"누구든지 밥을 좀 해 주세요."

의병 활동을 하려면 먹을 것을 해결하는 게 큰일이었습니다. 윤희순은 식구들이 먹어야 할 쌀 전부와 마침 춘천 숯장수들이 숯을 사겠다며 갖다 놓은 쌀까지 싹싹 긁어 밥을 지어 주었습니다. 이 일은 윤희순이 의병 활동에 직접 관여한 첫 일이 되었습니다.

의병대들이 돌아간 저녁에 윤희순은 턱골댁, 벌곡댁, 정문댁, 최골댁, 의암댁, 용문댁, 소리댁 등 동네 안사람들을 모두 불러 모았습니다.

"우리 안사람들도 의병 돕는 활동을 합시다."

"우리 먹고살기도 힘든데……."

"남의 남자들 돕는 게 그런데……."

가부장사회였던 그때에는 여성이 남편이 아닌 다른 남자들을 돕는 게 꺼려지기도 했습니다.

반대하는 사람들이 많자 윤희순은 시댁 친척 어른들을 설득했습니다. 친척들이 앞장을 서자 돕는 이들이 차츰 늘어났지만 여전히 반대하는 사람들이 많았습니다. 윤희순은 사람들의 힘을 모으는 방법으로 노래를 지어 불렀습니다.

윤희순 생가 터에 만든 유적지와 노래비(춘천시 남면)

〈안사람 의병가〉

아무리 왜놈들이 강성한들 우리들도 뭉쳐지면 왜놈 잡기 쉬울세라

아무리 여자인들 나라 사랑 모를쏘냐

아무리 남녀가 유별한들 나라 없이 소용 있나

우리도 나가 의병 하러 나가 보세 의병대를 도와주세

금수에게 붙잡히면 왜놈 사정 받들쏘냐

우리 의병 도와주세

우리나라 성공하면 우리나라 만세로다

우리 안사람 만만세로다

이 노래는 남자 일 여자 일이 따로 있다지만 나라가 없고는 다 소용없는 일이라며 나라의 중요성을 알려 주었습니다. 여성 계몽 운동을 노래로 한 셈이었지요. 한글로 누구나 쉽게 이해할 수 있게 쓰인 이 노래는 사람들에게 금세 퍼졌습니다.

함께 의병 활동을 하자고 권하다

 노래의 힘은 대단합니다. 사람들을 한뜻으로 모이게 하고, 긍정적인 힘을 줍니다. 노래를 부르면서 의병 돕기에 반대하던 사람들도 모두 합심하게 되었습니다. 이제 의병이 동네에 찾아오면 누구나 밥을 해 주고, 도와주게 되었습니다.

 윤희순은 점점 활동력을 넓혀 청년들에게 의병에 참여하기를 권하는 노래도 지었습니다.

〈방어장〉

우리 조선 청년들아 의병 하러 나가 보세

의병 하여 나라 찾자

왜놈들은 강성한데 우리나라 없이 어이 살며

어느 곳에서 산단 말인가

원수 같은 왜놈들을 몰아내어 우리 집을 지켜 가세

(……)

조선 의기 청년들아 빨리 나와 의병 하여 보세

아낙네도 나와 의병을 도우는데 하물며

우리 청년들이 나라를 잃고 가만히 있을쏘냐

너도 나가고 나도 나가자

나라 없이 살 수 있나

죽더라도 나가 보세

왜놈들을 잡아다가

살을 갈고 뼈를 갈아도 한이 안 풀리는데

우리 청년들이 가만히 있을쏘냐

나가 보세 의병 하러 나가 보세

제천에서 활동한 의병들도 윤희순이 지은 노래를 부르며 힘을 얻고 있었습니다. 춘천에서 모인 의병들 중심으로 윤희순의 노래가 불렸다가 사람들에게 널리 알려졌던 것 같습니다.

〈의병군가〉

나라 없이 살 수 없네 나라 살려 살아보세

임금 없이 살 수 없네 임금 살려 살아보세

조상 없이 살 수 없네 조상 살려 살아보세

살 수 없다 한탄 말고 나라 찾아 살아보세

전진하여 왜놈 잡자 만세 만세 왜놈 잡기 의병 만세

요즘 유행하는 힙합 음악처럼 마지막 음절이 잘 맞는 곡입니다. 의병 하려는 뜻과 의병이 나아갈 길을 간단명료하게 전달하고 있습니다. 또한 의병 활동을 막는 관군들에게 보내는 노래도 있습니다.

〈애달픈 노래〉

애닯도다 애닯도다 형제간의 싸움이요

이런 일이 어디 있나 우리 조선 백성들이

이렇듯 어두운가 제 임금을 버리고서

남의 임금 섬길쏘냐 애닯도다 애닯도다

우리 조선 애닯도다 자기 처를 버리고서

남의 처를 사랑하니 분한 마음 풀 수 없어

내 가슴을 두드리니 내 가슴만 아플쏘냐
귀한 목숨 아무 데나 버릴쏘냐
너도나도 의병 하세 의병대를 도와주세
이 노래를 부르면서 도와주세

　이 노래는 4·4조의 가락으로 전통 민요 형식을 하고 있습니다. 관군을 남의 임금, 즉 일본 임금을 섬기는 사람들로 비유했습니다. 관군들은 제 임금을 버리고 일본 임금의 뜻을 따랐기에 의병들이 싸워야 할 대상이었습니다. 그런데 의병과 관군은 조선이라는 한 나라 백성이니 형제간의 싸움처럼 애달프니 의병을 함께 하자고 권합니다. 또 관군이 일본의 뜻을 따르는 것은 남의 아내를 사랑하는 꼴이라고 보았습니다. 남의 나라 임금을 위해, 남의 아내를 위해 죽는 것은 귀한 목숨을 아무 데나 버리는 것과 같으니 우리 모두 의병 하자고 노래합니다.

여성도 나랏일을 할 수 있다는 것을 보여 주다

윤희순은 일본 앞잡이 노릇을 하는 사람들에게는 경고를 하였습니다.

왜놈 앞잡이들아.

너는 어느 나라 사람인고. 너희들은 무슨 일로 그다지도 모르는가.

이 나라에서 태어나서 나라의 은혜를 갚지는 못할망정 제 나라를 팔아먹고 제 부모를 팔아먹고 자기 성, 자기 조상, 자기 식구, 자기 몸뚱이를 팔아서 돈을 벌며 명예를 얻어 어느 곳에 쓴단 말인가. 이 짐승 같은 놈들아, 이제라도 마음을 고쳐 모든 죄를 씻어 분기하신 너의 조상 앞에 사죄를 고하여라. 고하면 용서를 하건만 죄를 자꾸 지으면 너의 조상이 용서 안 할 것이다. 그리고 분기하신 조상님께 고하여라. 마음을 고쳐서 이 나라 애국자가 되고 충신이 되어라. 너의 자식이 있다 하면 무슨 낯으로 얼굴을 대하며 무슨 낯으로 이 나라에서 산단 말이냐. 너희가 조선 사람인데 일본 놈이 될 수 있느냐. 하루 빨리 마음을 고쳐서 충신 되고 애국자가 되도록 하여라. 후대에 너희 자식 손자까지 대대로 무슨 낯으로 이 나라에서 산단 말이냐. 후대에 너의 자손이 원망 안 하도록 하여라. 다시 마음을 고쳐서 훌륭한 조상이 되도록 하여라. 후회하지 말고 꼭 맘을 고치도록 하여 주길 바란다.

– 병신년(1896년) 7월 20일, 선비의 아내 윤희순

윤희순이 쓴 경고문 '왜놈 대장 보거라'와 '왜놈 앞잡이들아'를 보면 꾸짖는 말로 일본 대장과 일본 앞잡이에게 명령하면서 잘못을 일깨워 주고 있습니다. 또 위협이 생길 수도 있지만 당당하게 이름을 밝히고 행동에 나서도록 촉구합니다. 여기서 우리는 윤희순이 주체적인 여성이 되었다는 것을 확인할 수 있습니다. 친척 어른들은 윤희순에게 무슨 일이라도 생길까 봐 걱정이 되었습니다. 그래서 한 친척 부인은 제천에 살고 있는 성재댁(윤희순 남편의 스승 부인)에게 편지를 띄웠습니다.

저녁이나 낮이나 밤낮없이 소리를 하는데 부르는 소리가 왜놈들이 들으면 죽을 노래만 하니 걱정이로소이다. 실성한 사람 같더니 이제는 아이들까지 그러하며, 젊은 청년 새댁까지도 부르고 다니니 걱정이 태산 같습니다.

윤희순은 실성한 것처럼 보일 정도로 열심히 의병 노래를 불렀던 것입니다. 친척들 걱정에도 윤희순은 활동의 폭을 계속 넓혀 나갔습니다. 하루는 윤희순이 그 친척 댁을 찾아갔습니다. 윤희순은 남자 복장을 하고 있었습니다.

"돈상이 좀 봐 주세요. 제천에 다녀올게요."
"아니, 거기는 뭐 하려고? 애도 놔두고……."
"금방 다녀올 거예요."

곧 오겠다던 윤희순은 며칠이 지나도 돌아오지 않았습니다. 걱정이 된 친척 부인은 성재댁에게 다시 편지를 띄웠습니다.

하루는 모여 숙덕숙덕하더니 집 좀 봐 달라고 하면서 어린 것을 떨쳐 놓고 남자 옷차림으로 나서며 의암댁, 최골댁과 제천 성재댁에 간 지 수일이 되도록 소식이 없사오니 근심이 되어 알고저 하옵고 만약 거기에 있으면 잘 타일러 보내 주시기 바라나이다. 그리고 요사이는 윤희순이가 누구냐고 묻는 사람이 많아지고 하니 조심하라고 하세요. 걱정이 태산 같으니 잘 훈계하여 주소서. 하나 저로서는 그 사람들이 장하기도 합니다. 시국이 이렇게 혼란 중에 법도가 무슨 소용이 있겠어요.

윤희순은 왜 아기까지 맡기고 제천으로 갔을까요? 의병 활동을 돕고, 노래도 퍼뜨리고, 군자금도 전달하려는 것 아니었을까요. 이 편지를 보면 윤희순이 점점 대담해지고 있다는 걸 알 수 있습니다.

윤희순을 찾는 사람은 누구였을까요? 윤희순을 잡아가려는 사람들이었을지도 모릅니다. 편지 끝에 '법도'라는 것은 '여자가 할 일과 남자가 할 일이 따로 있다'는 뜻으로 쓴 말 같습니다. 나라를 구하는 일은 남자 일이라 여겼는데

나랏일 하는 윤희순의 모습을 보면서 윤희순이 장해 보인 다는 내용을 보니, 윤희순의 행동이 여성에 대한 새로운 생각을 심어 준 듯합니다.

안사람들도 의병대 활동에 나서게 하다

윤희순을 비롯한 많은 의병들의 노력에도 불구하고 일본은 물러가지 않았습니다. 많은 의병들이 전국에서 활동할 때 고종 임금은 거처를 경복궁에서 러시아 공사관으로 옮기는 '아관파천'을 하게 됩니다. 아관파천 뒤 고종이 내각을 꾸렸는데 어쩐 일인지 의병을 해산하라는 명령을 내려 의병 활동은 점점 사그라들었습니다. 하지만 시댁 어른 유인석은 의병대를 이끌고 압록강을 건너 만주에 정착했습니다. 그 뒤 일본이 한국의 외교권을 빼앗은 을사늑약이 있었고, 1907년 일제가 고종을 강제로 물러나게 하자 이에 맞서 의병이 일어났습니다. 1907년이 정미년이라 '정미 의병'이라고 부릅니다. 고종을 물러나게 하면서 우리나라 군

대한 제국군이 합류한 의병대

대를 해산시키자 해산된 군인들이 의병에 참여하면서 의병의 규모는 더욱 커지게 되었습니다. 시아버지 유홍석도 다시 의병을 일으켰습니다.

이때 윤희순은 을미 의병 때보다 더 적극적인 활동을 합니다.

"왜군과 싸우려면 무기가 필요합니다. 무기를 만들 수 있도록 자금을 보태 주세요."

윤희순 설명을 들은 남종댁은 20냥, 항공댁은 10냥씩 보탰습니다. 모두 78명의 여성들이 355냥을 모았습니다. 이렇게 모은 군자금으로 사람들 눈에 잘 띄지 않는 여의내골에 무기 제조장을 만들고, 의병들이 훈련하도록 했습니다. 여의내골은 사방이 숲으로 둘러싸여 있어서 왜군들이 잘 알아챌 수 없는 요새 같았습니다. 이때 윤희순은 안사람 의병대 30명을 모았습니다. 안사람 의병대는 의병들 식사와 빨래 같은 뒷바라지뿐 아니라 직접 훈련도 하였습니다. 윤희순의 의병 활동은 이제 직접 몸으로 실천하는 단계로 접어들게 된 것입니다.

안사람 의병대는 탄환과 유황으로 탄약을 만들어 의병들에게 제공했습니다. 시아버지 유홍석은 몇몇 사람과 함께 의병 600명을 모아 춘천 진병산, 가평 주길리에서 치열한 전투를 벌였지만 일본군에 지고 말았습니다. 의병 활동은 3년 동안 계속되었지만 큰 성과는 없었고, 시아버지도 가평 주길리에서 싸우다가 부상을 입게 되었습니다. 부상을 치료하고 곳곳에서 진 패잔병과 청년 들을 다시 모으던 중, 1910년 일본에 국권을 빼앗기고 말았습니다. 그때 마을마다 울음소리가 크게 진동하였습니다.

유인석

유홍석은 가족들을 불러 모았습니다.

"강탈당한 나라에서 사는 게 무슨 의미가 있겠느냐. 우리 다 같이 죽자."

그러자 유제원이 대답했습니다.

"싫습니다, 아버님. 죽기보다는 큰아버님이 계신 만주 요동으로 건너가 후일을 기약하는 게 낫겠습니다."

유제원이 말한 큰아버지란 제천 의병 대장 유인석을 말합니다. 유제원의 뜻이 받아들여져 가족들은 요령성으로 떠나기로 했습니다. 먼저 시아버지와 남편이 떠나고, 윤희순은 아들과 함께 집을 정리한 뒤 떠나기로 했습니다. 그런데 남편이 떠난 다음 날 일본군들이 들이닥쳤습니다.

"유홍석 어딨어?"

윤희순이 끝까지 입을 다물자 일본군들도 그만 돌아갔습니다. 하루만 늦게 출발했어도 시아버지와 남편은 잡혀가서 죽음을 면치 못했을 것입니다.

노학당을 세워 글을 가르치다

1910년 1월, 51세의 윤희순은 시댁 식구들인 고흥 유씨 가족들과 따르는 사람들 모두 해서 40~50가구를 데리고 만주로 떠났습니다. 강원도 춘천에서 만주 요령성 홍경현까지 3개월이 걸려 4월이 되어서야 평정산 아래 도착했습니다. 사람이 살지 않던 이곳에 윤희순과 함께 온 의병 가족들이 마을을 개척하며 살았습니다. 그 뒤 중국 사람들은 이곳을 한국 사람들이 모여 사는 곳이라 하여 '고려구'라고 불렀습니다.

여성들은 낮에는 밭에 나가 일하고, 밤에는 어린아이를

업고 이웃 마을로 내려가 〈안사람 의병가〉를 함께 불렀습니다. 윤희순은 중국 사람들에게 말했습니다.

"일본은 중국도 침략할 것이니 조선과 함께 힘을 합쳐 일본을 막아야 합니다."

윤희순은 1912년에는 대아하 강이 흐르는 환인현 취리두로 이사를 했습니다. 여기도 깊은 산골이었습니다. 고구려가 세워진 지역이기도 한 환인현에는 조선인들이 약 8천 명 정도 이주해서 살고 있었습니다. 윤희순은 이곳에서도 중국인과 이주해 온 조선인들에게 계몽 운동과 반일 사상을 알리며 항일 운동 자금을 모금하기도 했습니다.

이곳으로 이주한 조선인들은 황무지를 개간하고 강물을 끌어들여 척박한 땅을 기름지게 하였습니다. 밭농사만 짓던 중국인들은 조선인들 덕분에 벼농사를 짓게 되었습니다. 그런데 조선에서 온 편지가 이 사람, 저 사람 손을 거치며 옮겨 다녔습니다. 글을 아는 사람이 많지 않았기에 글을 아는 사람을 찾아 편지가 옮겨 다니게 된 것입니다. 편지 내용 가운데는 독립운동과 관련된 정보들도 있었습

노학당 유적비

니다. 이 사람도 보고, 저 사람도 보니 비밀스런 정보가 밖으로 새어 나갈 위험이 있었습니다.

'사람들이 글을 배울 수 있는 학교가 있어야 해.'

윤희순은 교육의 필요성을 느끼며 '노학당'이라는 학교를 세웠습니다. 노학당은 독립투사들이 세운 동창학교의 분교로 국어, 산수, 역사를 가르쳤고 '항일, 애국, 분발, 향상'을 기본 정신으로 삼았습니다. 이 학교를 다녔던 50명이 넘는 인재들은 독립운동가로 활발하게 활동했습니다.

그러던 중 1913년에는 시아버지 유홍석이, 1915년에는 남편 유제원이 세상을 떠났습니다. 노학당도 일제의 간섭이 심해 3년 만인 1915년에 폐교되자 윤희순은 세 아들을 불러 모았습니다.

"지금 우리가 이렇게 가만히 있을 때가 아니다. 만주의 넓은 평원 지대, 몽골 사막, 중원에는 할아버지, 아버지의 친구, 동지 들이 있으니 그들을 찾아 힘을 합쳐 독립운동을 하도록 하자."

큰아들 유돈상과 둘째 아들 유민상은 그길로 몽골로 가서 아버지, 할아버지의 동지들을 찾아 독립운동 단체 만드는 일을 하였습니다. 윤희순은 막내아들 유교상을 데리고 무순 포가둔에서 활동을 이어 갔습니다.

윤희순은 무순 포가둔에서도 중국인들에게 연설을 하였습니다. 중국인들이 조선인을 차별하지 않도록, 왜 조선과 중국이 함께 항일을 해야 하는지 중국인을 설득해 나갔습니다. 모임이 있을 때마다 윤희순의 노래도 계속 불리었습니다.

"우리가 중국으로 온 것은 일본 놈들한테 빼앗긴 나라

를 되찾기 위해서입니다. 나라 없는 우리 조선인들을 도와주십시오. 우리는 중국 땅에서 목숨 걸고 일본 놈과 싸울 것입니다. 일본 놈과 싸우기 위해서는 식량이 필요하고 군사 훈련을 할 수 있는 땅이 필요합니다. 당신들과의 연합 투쟁이 필요합니다. 우리와 손잡고 같이 항일 합시다."

조선독립단의 공동 수장이 되다

이 무렵 몽골과 중국 중원으로 아버지, 할아버지의 옛 동지들을 찾아 나섰던 아들들이 돌아오고 무순에서 윤희순의 활동 영역이 넓어지면서 흩어져 있던 애국지사들이 뭉쳐 '조선독립단'을 만들게 됩니다. 180명이 조선독립단에 합류했는데, 중국인들도 함께했습니다. 조선독립단은 윤희순과 첫째 아들 유돈상, 유돈상의 장인 음성국이 공동 수장이었습니다. 여성이 공동 수장을 맡은 일은 당시로서는 거의 없던 일이었기에 그만큼 윤희순에 대한 신뢰와 지지가 높았음을 알 수 있습니다.

1919년 조선에서 삼일 만세 운동이 있었다는 소식이 만주에도 들려왔습니다. 3월 6일, 환인현에서는 8천 명의 조선인들이 모여 3·1 독립운동을 지지하는 반일 시위 행진을 벌였습니다. 집집마다 태극기를 꽂고 남녀노소 모두 한복을 차려입고 손에 태극기를 들고 마을을 다니며 '조선 독립 만세'를 소리 높여 외쳤습니다.

일제는 조선에서 삼일 만세 운동을 저지하더니 동만주 지역에서도 조선인을 쏘아 죽이고, 때려 죽이고, 찔러 죽이는 만행을 저질렀습니다. 일본인들은 이것을 '경신년 대토벌'이라고 불렀습니다. 그러더니 그 기세를 남만주로 뻗쳐 왔습니다. 이때 죽은 조선인이 3만 명이 넘었습니다.

조선독립단의 활동도 힘들어지게 되었습니다.

"나라를 위한 진정한 교육을 해야 하는데……."

윤희순은 인재 양성이 필요하다고 생각했습니다. 아들 유돈상은 어머니 뜻에 따라 무순에 조선독립단 학교를 세웠습니다. 조선독립단 학교에서는 학생들에게 반일 의식 교육과 사격 연습을 동시에 가르쳤습니다. 조선독립단 학교 학생들이 직접 무장 투쟁에 나갈 준비를 한 것입니다.

　이와 함께 윤희순은 '가족 부대'를 만듭니다. 윤희순네 친척들과 아들 유돈상의 장인 집안인 음씨네 가족 친척들로 구성된 가족 부대는 낮에는 일하고 밤에는 총 쏘는 연습을 하였습니다. 예순이 넘은 윤희순은 무장 투쟁에 나설 뜻을 가졌습니다.

　51세에 조국을 떠나 남의 나라 땅에 살면서 시아버지와 남편의 죽음을 보고, 또 수많은 조선인들이 무참히 죽어가는 모습을 본 윤희순의 마음은 어땠을까요? 윤희순은 그 마음을 〈신세타령〉이라는 시에 담았습니다. 4·4조의 긴 시입니다.

〈신세타령〉

슬프고도 슬프도다 이 내 신세 슬프도다

이국만리 이내 신세 슬프고도 슬프도다

보이는 눈 쇠경이요 들리는 귀 막혔구나

말하는 입 벙어리요 슬프고도 슬프도다

이내 신세 슬프도다 보이나니 까마귀라

우리 조선 어디 가고 왜놈들이 득실하나

우리 임금 어디 가고 왜놈 대장 활개치나

우리 의병 어디 가고 왜놈 군대 득실하나

이내 몸이 어이할꼬 어딜 간들 반겨줄까

어디 간들 오라 할까 가는 곳이 뉘 집이요

(……)

이내 신세 슬프도다 이내 몸도 곱던 얼굴

주름살이 되었어라 어이할꼬 애닯도다

(……)

슬프도다 맺힌 한을 어이할꼬 자식 두고

죽을쏘냐 원수 두고 죽을쏘냐 내 한 목숨

(……)

슬프고도 서럽구나 어느 때나 고향 가서

옛말하고 살아볼꼬 애달프고 애닯도다

슬프고도 슬프도다 이내 신세 슬프도다

방울방울 눈물이라 맺히나니 한이로다

만주로 가는 사람들이 두만강 나루에서 일본 군경의 검사를 받고 있습니다.

　55행으로 되어 있는 이 시는 제목에서도 짐작할 수 있지만 조국을 빼앗기고 남의 나라에서 사는 심정을 구구절절 담아냈습니다. 만주로 간 것은 나라 잃은 땅에서 살 수 없기에 떠난 슬픈 선택이었습니다. 이 시를 썼을 때가 1923년경이니 망명한 지 13년 되었을 때입니다. 64세 노인이 느끼는, 나라를 잃고 선택한 망명 생활의 서글픔이 잘 드러나 있습니다.

이제 죽음을 생각하는 나이가 된 윤희순은 이역만리에서 나라의 광복을 고대하고 있습니다. 이 글에서 우리는 당시 만주 지역으로 이주해서 살았던 사람들의 삶의 애환을 조금이나마 느낄 수가 있습니다.

아들에 이어 세상을 떠나다

하지만 신세 한탄이 오래가지는 않았습니다. 윤희순은 사람들 앞에서 연설을 이어 갔습니다. 훈련 중 연설에서는 이런 말을 하기도 했습니다.

"저는 천하에 무서울 것이 없습니다. 천 번을 넘어지면 만 번을 일어서겠습니다. 한민족의 원수를 갚고 우리 가족의 원수를 갚고 국권을 되찾기 위해 목숨을 내걸고 싸우겠습니다."

할머니가 되었어도 윤희순의 기개는 여전했습니다. 1932년, 윤희순의 나이 73세 때입니다. 한중 연합군은 무순을 지나는 일본군의 철도 운수선을 함락시킬 계획을 세웠습

유돈상

니다. 하지만 계획은 실패로 끝났고, 일본은 보복 조치로 3천 명이 넘는 사람을 죽였습니다.

그러한 중에 1935년 큰아들 유돈상이 일본 경찰에게 체포되어 무순 감옥에 갇혀 한 달 이상 고문에 시달렸습니다. 7월 19일 아들을 데려가라는 통보를 받고 무순 감옥으로 달려온 윤희순이 아들을 이끌고 집으로 돌아오던 중 유돈상이 순국하고 맙니다. 윤희순은 큰 슬픔에 젖어들었습니다. 그리고 그 충격을 이기지 못하고 13일 뒤인 8월 1일, 76세의 윤희순이 망명한 만주 땅에서 숨을 거두게 됩니다. 조선에서는 의병 활동을 하고, 만주에서는 항일 투쟁을 벌인 윤희순은 의병가 여덟 편과 일본에게 보내는 경고문 네 편, 시 한 편, 편지글 두 편, 그리고 짧은 자서전 한 편 하여 모두 열여섯 편의 글을 남겼습니다.

"옳은 도리가 무엇인지 생각하며 살아가길 바란다"

숨을 거두기 전 윤희순은 열여섯에 혼인하여 죽기 직전까지 자신의 짧은 삶과 삼대에 걸쳐 의병 활동과 항일 운동을 기록했습니다. 〈해주 윤씨 일생록〉이 있어 우리는 윤희순의 삶을 돌아볼 수 있었습니다. 〈해주 윤씨 일생록〉 끝부분에 이런 말이 있습니다.

누가 무얼 부탁하거든 선뜻 대답을 삼가거라.
누가 무얼 물어보거든 어림으로 대답하지 마라.
앞사람이 이야기할 때 그 사람 말이 끝날 때에 말을 하느니라.
아랫사람이 인사한다고 앉아서 가만히 안 받느니라.
천민이라도 내 집을 찾아오면 반가이 맞아 주고 반가이 보내 주

1994년 윤희순의 유해가 고국으로 돌아와 춘천시 남면 관천리에 묻혔습니다.

니라.

남의 말을 입에도 담지 말며 나의 위치를 생각하고 말해야 하느니라.

모든 정신을 발끝에서부터 머리까지 조심히 있어야 하느니라.

매사는 시대를 따라 옳은 도리가 무엇인지 생각하며 살아가길 바란다.

충효 정신을 잊어서는 안 되느니라.

이 말들은 윤희순이 76년을 살며 스스로에게 했던 다짐

일 터이니 우리 모두 소중하게 새겨야 할 것입니다. 이 가운데 "모든 정신을 발끝에서부터 머리까지 조심이 있어야 하느니라."와 "매사는 시대를 따라 옳은 도리가 무엇인지 생각하며 살아가길 바란다."는 말이 유독 가슴에 남습니다. 이역만리에서 가족 부대를 이끌며 살아갈 때 이 말들이 윤희순의 이정표가 되지 않았을까 생각되기 때문입니다. 우리도 어떤 일을 하며 살든 윤희순의 이러한 정신을 깊이 새기면 좋겠습니다.

윤희순 일생

1860년(1세) 6월 25일 아버지 윤익상, 어머니 덕수 장씨 사이에서 서울 낙동 (현재 서울 을지로 2, 3가)에서 태어나다.

1875년(16세) 유홍석의 장남 유제원과 혼인하여 강원도 춘천 시댁에서 살다.

1894년(35세) 첫아들 유돈상을 낳다.

1895년(36세) 을미 의병이 일어나자 〈안사람 의병가〉, 〈의병가〉를 지어 여성들 의병 활동 참여를 독려하다.

1897년(38세) 둘째 아들 유민상을 낳다.

1902년(43세) 셋째 아들 유교상을 낳다.

1907년(48세) 정미 의병이 일어나자 여성 의병 30여 명을 모아 군자금을 모으고, 여의내골에서 여성들이 의병 훈련을 하다.

1910년(51세) 일본이 우리 국권을 빼앗자 시아버지, 남편과 만주로 망명하여 환인, 신빈, 무순, 관전, 해성, 심양에서 독립운동을 전개하다.

1912년(53세) 요령성 환인현 팔리전자진 취리두로 이사하여 동창학교 분교인 '노학당'을 설립하고 교장으로 일하면서 항일 독립운동 인재를 키우다.

1913년(54세) 시아버지 유홍석이 사망하다.

1915년(56세) 노학당이 일제에 의해 폐교되고, 무순 포가둔으로 옮겨 가다. 의암 유인석이 사망하다. 남편 유제원이 사망하다.

1920년(61세) 가족 부대를 만들어 군사 훈련을 받다.

1934년(75세) 요령성 동고촌 거주지가 일제 방화로 타고 해성현으로 이주하다.

1935년(76세) 장남 유돈상이 일본 경찰에게 체포되어 무순 감옥에서 고문받고 사망하다. 큰아들 죽음에 식음을 전폐하고 자신의 일생이 담긴 〈해주 윤씨 일생록〉을 쓰고 사망하다(8월 1일).

호랑이 같은 기상을 지닌
남자현

1933년 8월 26일 〈조선중앙일보〉에 제법 큰 제목의 기사가 실렸습니다.

무토 노부요시 암살을 눈앞에 두고 밀고로 2월 29일 무송도 사진관에서 하얼빈 일본 총영사관 경찰 손에 체포되어 엄중한 취조를 받고 수감 중인 조선 경북 안동군 귀직면 귀미동 출생인 61세의 남자현(여자)은 단식 9일 만인 17일 오후 1시

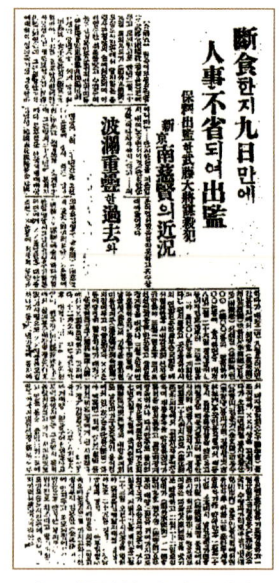

〈조선중앙일보〉 신문 기사

반에 인사불성이 된 채로 보석 출감되었다. "이미 죽기를 각오한 바이니까…." 손가락이 잘린 손을 기운 없이 내려놓으면서 "이것이나 찾아야지." 하고는 기운 없어 말을 하지 못하고 혼수상태에 들어갔다.

무토 노부요시를 암살하려던 남자현의 이름 뒤에는 괄호 안에 여자라고 표시해 두었습니다. 암살이라는 방법으로 항일 운동하는 사람이라면 당연히 남자라고 생각할까 봐 여자라고 적어 놓았네요.

남자현은 1933년 2월 29일, 중국 하얼빈에 있는 사진관에서 체포되었습니다. 5개월 동안 취조를 받다가 8월 들어서 일본이 주는 음식을 먹지 않았는데, 단식 9일 만에 의식을 잃었습니다. 그러자 일본 경찰은 8월 17일에 남자현을 적십자병원으로 옮겼습니다. 그때 나이가 62세(만 나이)였으니 당시로서는 아주 할머니였습니다. 일본 경찰은 할머니를 심하게 다룬다는 말을 들을까 봐 병원으로 옮긴 것입니다.

그다음 날 〈조선중앙일보〉에 또 이런 기사가 났습니다.

30년 동안 남북 만주를 무대로 조선 독립운동에 종사하였던 남자현(여자)은 감옥에 구금 중이었는데 단식 9일 만인 지난 17일에 보석 출옥하였다. 그런데 연일 단식을 계속한 결과 22일 정오 12시 반경에 조선여관에서 돌아가셨다.

옛날에는 통신이 지금처럼 발달하지 않았기 때문에 첫 기사가 났던 날에는 돌아가신 것을 몰랐던 모양입니다. 조선중앙일보사는 서울에 있고 남자현은 중국 하얼빈에 있으니 이렇게 돌아가신 날과 보도한 날짜에 차이가 났던 것입니다.

남자현은 감옥에서 나와서도 단식을 계속했으니 모두 15일을 단식하였습니다. 그런데 남자현은 왜 단식을 하였고, 손가락은 왜 잘리게 되었을까요?

남자현한테는 아들이 한 명 있었습니다. 이름은 김성삼. 남자현은 감옥에서 나올 때 만주 길림성 교하에 살고 있었습니다. 아들 김성삼은 그즈음 신의주에서 일을 하고 있었는데, 이상하게 빨리 집에 가고 싶은 생각이 들어 서둘러 집으로 돌아갔습니다. 그런데 남자현이 위독하다는 전보가 와 있었던 것입니다. 김성삼은 그길로 열한 살 된 아들과 함께 하얼빈 적십자병원을 찾아갔습니다. 그때가 8월 21일이었습니다.

아들을 본 남자현은 조선인이 운영하는 여관으로 가고 싶다고 했습니다. 일본인이 있는 병원보다 조선인이 있는 곳에서 쉬고 싶었을 것입니다. 김성삼은 어머니를 급히 조선여관으로 모셨습니다. 조선여관으로 오자 남자현은 잠시 편안한 얼굴이 되어 아들과 어린 손자에게 반가운 표정을 지어 보였습니다. 아들은 어머니에게 먹을 것을 권했습니다.

"죽고 사는 것이 먹고 안 먹고에 있는 것이 아니야."

남자현은 아들에게 사람이란 먹고 안 먹고가 중요하지 않고 왜 살고 있는지 또렷한 정신을 가지는 게 중요하다는 이야기를 돌려 말했습니다. 늙은 몸으로 온갖 고초를 겪으며 일본 감옥에 갇힌 항일 투사는 일본 경찰이 주는 밥을 먹고 생명을 이어 간다는 사실이 싫었습니다. 그래서 남자현은 결심합니다. '일본 경찰이 주는 밥을 먹지 않으리라. 조선이 독립될 때까지 밥을 먹지 않으리라.'

일본의 검은 속내를 폭로하려 하다

 이제 남자현의 손가락 이야기를 해야겠네요. 1931년 9월 18일, 일본은 만주를 공격하는 만주 사변을 일으켰습니다. 얼마나 빠르게 만주를 차지하였던지 1932년 3월 1일에는 만주국까지 세웁니다. 청나라의 마지막 황제 부의가 최고 통치자 자리에 올랐지만 실제 권력은 만주에 주둔하고 있던 일본 관동군에게 있었습니다. 남자현이 암살하려던 무토 노부요시는 관동군 대장으로 만주의 실제 최고 통치자였습니다.
 일본의 꼭두각시 나라인 만주국이 세워지자 만주에서 활동하던 우리나라 독립운동가들의 활동이 위축되었습니다. 그러던 때 1932년 9월 19일, 만주 사변의 진상을 조사

무토 노부요시

하기 위해 리튼을 단장으로 한 국제 연맹 조사단이 하얼빈에 도착했습니다. 일본은 국제 연맹 조사단이 머무는 하얼빈에 집집마다 만주국 국기를 걸게 했습니다. 하얼빈에 사는 사람들이 만주국을 환영하는 것처럼 보이게 하려는 것이었습니다.

항일 운동가들도 속속 모여 국제 연맹 조사단에게 어떻게 일본의 실제 모습을 알릴지 의논하였습니다.

"내가 리튼 경을 만나 왜적의 검은 속내를 폭로하겠습니다."

남자현은 동지들에게 이렇게 말하고, 왼손 넷째 손가락

두 마디를 잘랐습니다. 피가 떨어졌지만 주저하지 않고 흰 손수건에 조선 독립을 바란다는 뜻의 '朝鮮獨立願(조선독립원)' 다섯 글자를 한자로 써 내려갔습니다. 그 무렵 남자현 일행과 같은 생각을 가진 중국 사람들이 있었습니다. 그 사람들은 리튼에게 편지를 건네려다 적발되었는데 일본 경찰은 그들 모두를 총살해 버렸습니다.

이 사건을 보고 남자현은 피로 쓴 편지와 손가락이 담긴 종이를 어떻게 리튼에게 전달할지 고민해 보았지만 답이 보이지 않았습니다. 호텔로 직접 들어갈 수 있는 방법이 전혀 없었습니다. 그러다가 인력거가 호텔로 드나드는 것을 보았습니다. 인력거꾼에게 부탁한다면 무사히 리튼에게 편지가 전달될 것으로 보였습니다.

남자현은 호텔로 들어서려던 인력거꾼을 몰래 불렀습니다.

"부탁이 있습니다. 사례비를 낼 테니 이 편지를 국제 연맹 조사단 리튼 단장에게 전해 주세요."

인력거꾼은 조금 걱정은 되었지만 지금까지 자신을 조사

국제 연맹 조사단

한 적이 없었기 때문에 안심했습니다. 그런데 그날따라 일본 경찰이 인력거꾼 모두의 몸을 뒤지며 조사했습니다. 남자현의 편지도 발각되고 말았습니다.

"모르오. 나는 심부름만 했을 뿐이오!"

인력거꾼이 소리쳤지만 일본 경찰은 그를 잡아가 버렸습니다. 남자현은 편지가 리튼에게 전달되지 못한 것도 속상했지만 인력거꾼에게 너무나 미안했습니다.

이 글 처음의 신문 기사에서 남자현이 손가락이 잘린 손을 기운 없이 내려놓으면서 "이것이나 찾아야지." 하고 말했던 것은 이때 잃어버린 손가락에 대한 이야기였습니다. 리튼에게 전달되지 못했기 때문에 더욱 미련이 남았던 것이겠지요.

무토 노부요시 암살을 시도하다

그럼 남자현은 어쩌다 체포되었을까요? 손가락 사건이 있고 6개월이 지난 1933년 3월 1일이었습니다. 이날은 일본이 만주국을 세운 지 1년이 되는 날이었습니다. 일본은 이를 기념하기 위해 성대하게 축하연을 열 계획이었습니다. 그렇다면 관동군 대장인 무토 노부요시는 당연히 참석하겠지요. 남자현은 무토 노부요시를 암살할 때가 왔다고 판단했습니다. 이날은 삼일 만세 운동 14주년이 되는 날이기 때문에 조국에 더 뜻깊은 날이 될 것이라 생각했습니다.

거사 바로 전날인 2월 29일, 남자현은 옷 속에 총과 폭탄을 감추고 거지 옷을 입었습니다. 거지 노파로 변장하고 하얼빈에서 만주국 수도인 신칭(지금의 창춘)으로 출발하려는데 일본 경찰이 다가왔습니다.

"이 할머니를 수색하라!"

남자현의 몸에서 무기와 피 묻은 옷이 나왔습니다. 남자현은 남편이 일본군 총에 맞아 숨질 때 입고 있던 옷을 늘 입고 다녔습니다. 적에 대한 경계를 늦추지 않으려는 마음에서였습니다.

"이자가 남자현이다, 체포하라!"

남자현은 체포되어 일본 경찰에 끌려갔습니다. 누군가 밀고를 한 것이었습니다. 환갑 노인이 암살을 계획했다는 것이 알려지는 게 싫었는지 일본은 신문에 기사가 실리지 못하게 했습니다. 3개월이 지난 6월 7일에야 〈동아일보〉에 실렸습니다.

> 자기 남편의 원수를 갚기 위하여 몸에 폭탄을 품고 무토를 암살하려다가 계획 실행 전날인 2월 29일에 하얼빈 영사관 경찰에 붙들린 예순한 살의 노파 남자현에 관한 암살 미수 사건은 그동안 기사 게재 금지 중이었다가 7일에 풀렸다.

남자현이라는 노파는 지금으로부터 이십여 년 전에 항일 운동가인 남편이 일본인 손에 죽은 것에 한을 품고 원수를 갚는다고 여자의 몸으로 20년 동안 조선과 만주를 드나들며 항일 운동에 종사하였다. 1926년 4월에는 경성에서 사이토 총독을 암살하려다가 뜻을 이루지 못하고 만주로 건너가 하얼빈을 근거로 활동 중이었다. 올해 봄에는 무토 대장 암살을 계획하고 폭탄과 권총을 손에 넣었다. 죽은 남편의 의복을 몸에 감고 단신으로 신칭에 잠입하여 무토 대장을 암살하고자 2월 29일에 하얼빈을 출발하려고 할 즘에 하얼빈 일본 영사 경찰의 손에 붙들리게 된 것이라고 한다.

이 기사에는 남자현의 항일 운동이 남편의 원수를 갚기 위한 것이라고 쓰였습니다. 나라를 위한 '충'은 남자만 할 수 있다고 생각한 조선 시대의 생각이 그대로 담겨 있습니다. 근대 교육을 받아 기자가 된 사람들도 아직 조선 시대의 가부장적 가치관을 완전히 버리지 못한 것 같습니다. 이때 잡히지만 않았어도 남자현은 독립운동을 좀 더 오래

했을 것입니다.

나라 잃은 설움에 눈물을 흘리다

경북 안동이 고향인 남자현은 어떻게 만주까지 오게 되었을까요?

1872년 12월 7일, 남자현은 경상북도 안동시 일직면에서 아버지 남정한과 어머니 이씨 사이에서 막내딸로 태어났습니다. 그리고 어릴 때에 영양군 석보면 지경리로 이사

남자현이 살았던 집(경북 영양군 석보면)

남자현 가족사진

했습니다. 남자현은 꽤나 총명했나 봅니다. 일곱 살이 되자 한글을 읽고 쓸 수 있게 되었습니다. 아버지는 이제 〈천자문〉을 가르쳤습니다. 글 배우는 게 빨라 열두 살에는 한문으로 된 〈소학〉과 〈대학〉을 읽게 되었습니다.

"글은 그만하면 됐고, 이제 여자의 덕목을 배우거라."

아버지 남정한은 남자현에게 바느질과 길쌈, 살림살이를 배우게 했습니다. 조선은 여자들에게 학교 교육을 시키지 않았습니다. 남자들은 서당, 향교, 서원에 다니며 공부하였지만 여자는 집에서 아버지나 오빠가 글을 가르쳤습니다. 그것도 부모가 글을 아는 양반집에서나 가능했던 일이었기에 여자가 글을 배우는 경우는 드물었습니다. 그런 면에서 남자현은 운이 좋았는지도 모릅니다. 하지만 〈소학〉과 〈대학〉을 읽을 줄 안다면, 더 이상의 공부는 허락되지 않았습니다. 여자는 음식 장만하고 옷을 지을 줄 알면 된다고 여겼습니다.

남자현의 아버지는 이름난 유학자로 많은 제자가 있었습니다. 남자현이 열아홉 살이 되자 아버지는 같은 동네에 살던 아끼는 제자 김영주와 혼인을 추진했습니다. 혼인한 지 6년이 지난 1895년, 명성황후가 일본인에게 살해당하는 을미사변이 일어나 전국적으로 유학자들을 중심으로 의병이 일어나자 남자현의 남편 김영주와 아버지의 제자 70여 명도 의병에 참여하였습니다. 김영주는 왜군과 수십 차례 교전을 했는데 1896년 7월 11일 경북 진보군 진보면 홍구동 전투에서 일본군 총에 맞아 죽음을 맞게 되었습니다. 남자현은 김영주의 피 묻은 옷을 늘 지니고 다녔습니다.

그때 남자현은 스물네 살로, 임신 7개월에 접어들고 있었습니다. 첫 임신이었습니다. 남자현은 남편 잃은 슬픔을 뒤로하고 아이 낳는 일에 정성을 쏟아 김성삼을 낳았습니다. 남자현에게 주어진 일은 아들을 기르고, 시어머니를 모시는 일이었습니다.

'무엇으로 어떻게 먹고살아야 할까?'

남자현의 고민이 시작되었습니다.

'그래 양잠을 하자!'

남자현은 누에를 기르기로 했습니다. 뽕나무를 키우고, 뽕잎을 잘게 썰어 누에를 먹이고, 누에고치에서 비단실을 얻어 명주를 짰습니다. 누에고치를 대구 시장에 내다 팔았고, 명주도 팔았습니다. 어렵게 살림을 이어 나가던 중, 1910년 일본이 우리 국권을 빼앗고 맙니다. 남자현의 눈에서 눈물이 흐릅니다. 나라를 지키려던 남편이 죽었는데, 이제 나라마저 완전히 잃게 된 것입니다.

나라가 망하자 안동과 영양에서 활동했던 많은 지사들은 광복 운동을 위해 만주로 망명을 떠났습니다. 임시 정부 초대 국무령을 지낸 이상룡, 남편의 집안사람이었던 김동삼도 이때 망명을 했습니다. 이들은 만주 지역에서 '서로 군정서'를 이끌었습니다. 지역 지사들이 망명을 가자 남자현의 마음도 꿈틀거렸습니다. 하지만 아들 김성삼은 아직 열다섯 살이었습니다.

'아직은 성삼이한테 엄마가 필요하지.'

남자현은 영양에서 엄마 역할을 해야 한다고 생각했습니다.

서로 군정서에 들어가다

'그래도 내가 할 수 있는 일을 찾아 해 보자.'

남자현은 양잠 일을 하며 모아 두었던 돈을 부녀자 교육과 어린이 교육에 사용했습니다. 남자현은 이즈음 교회를 다니게 되었는데 이제까지 알던 유교와는 다른 세상을 만나게 되었습니다. 여자에게도 남자와 똑같은 교육이 필요하다고 하고, 남자와 여자는 다르지 않다고 했던 것입니다. 남자현이 영양에서 하고 있던 구제 활동은 교회 활동과 맞물려 있었습니다.

그렇게 9년의 세월이 흘렀습니다. 그러던 어느 날, 남자현은 편지 한 통을 받았습니다.

3월 1일에 서울에서 총궐기하여 독립을 선언하고 독립운동을 펼칠 것입니다.

1919년 2월 26일, 남자현은 교회를 통해 알게 된 서울에 사는 김씨 부인에게 편지를 받은 것입니다. 남자현의 마음은 다시 꿈틀거렸습니다.

'나라가 무너지면 집안도 온전할 수가 없는 것입니다. 나라가 불구덩이에 있으니 저는 죽음으로 나라의 원수를 갚기로 결심하였습니다. 우리 지하에서 만납시다.'

남자현은 남편에게 다짐의 말을 새기며 홀로 서울로 떠났습니다. 이때 아들 성삼은 스물세 살이 되었기 때문에 스스로 삶을 꾸릴 충분한 나이였습니다. 남자현은 서울 신촌 연희전문학교 뒤에 있던 교회에서 동지들을 만났습니다. 드디어 3월 1일 오후 3시, 남자현은 독립 선언서를 뿌리고 만세 운동에 함께했습니다. 하지만 일본 경찰의 끈질긴 수색 속에서 많은 동지가 잡히게 되자 남자현은 3월 9일 만주로 향했습니다.

 만주에서 독립운동을 하는 단체는 크게 세 부류였습니다. 김좌진이 이끄는 북로 군정서는 만주 북쪽을 중심으로 활동했고, 안동과 영양에서 활약하던 이시영, 김동삼이 활동하던 서로 군정서는 만주 서쪽을 중심으로 활동했습니다. 그리고 홍범도가 이끄는 대한독립군이 있었습니다.

 남자현은 고향 사람들이 있는 통화현으로 망명하여 서로 군정서에 들어갔습니다. 서로 군정서에서 반가운 얼굴들도 만났습니다. 남편의 동료들도 있었습니다. 그들과 함께 서로 군정서에서 항일 운동을 펼쳐 나가면서 여성 교육 운동도 함께 해 나갔습니다.

 항일 전투는 끊임없이 이동 생활을 해야 했습니다. 남자현이 망명했을 때 그의 나이 48세였습니다. 이 나이가 되면 대부분은 자기가 살아온 삶에 안주하고 싶어 합니다. 특히 공적인 영역에서 활동할 수 없었던 여성들은 더욱더 집 안에 머무르기 쉽습니다. 하지만 남자현은 꺾이지 않는 의지가 있었습니다.

어느 날, 남자현은 호탄현에서 일본 경찰의 앞잡이 노릇을 하는 순사에게 잡혔습니다. 하지만 남자현은 태연했습니다.

"너도 조선 사람, 나도 조선 사람. 너는 살기 위해 원수인 왜적 놈의 앞잡이가 된 조선 사람, 나는 작은 힘이나마 국권을 찾고자 집 없이 떠다니는 조선 사람. 네가 나를 잡고자 하는 그 뜻이 어디에 있느냐?"

홍 순사는 이 말에 이끌렸는지 남자현을 그대로 보내 주면서 여비까지 보태 주었다고 합니다. 꺾이지 않는 의지는 주위 사람마저 탄복하게 만드는 모양입니다.

조선 총독부 총독, 사이토 암살 계획을 세우다

서로 군정서가 길림성 액목현으로 근거지를 옮기자 남자현은 함께 이동하며 이동 중 발생한 부상병들을 간호하기도 했습니다. 또 만주에 있는 교포를 찾아다니며 여성 교육 운동에 나섰습니다. 남자현은 만주에 12개의 교회를 세우고, 10여 곳에 여자 교육회를 만들어 여성들 계몽 교육에 앞장섰습니다. 그러면서 직접 전투에 참여하기도 했습니다.

1923년 어느 날, 영양에서 생활하던 아들 김성삼이 어머니를 찾아 만주로 왔습니다.

"성삼아!"

남자현은 홀로 만주까지 온 아들이 기특했습니다. 길림성 액목현 교하에 생활 터전을 마련해 두고, 남자현은 만주 일대를 오가며 항일 운동을 펼쳐 나갔습니다. 그때 한반도에는 사이토 마코토가 조선 총독부 총독으로 있었습니다. 사이토는 삼일 만세 운동 뒤 저항 의지를 약하게 하기 위해 '문화 통치'를 폈습니다. 하지만 이름만 그럴싸할

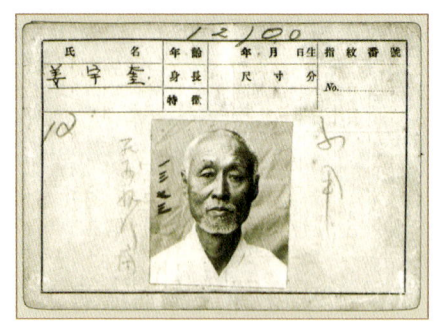
강우규(일제 감시 대상 인물 카드)

뿐 헌병을 경찰이라는 이름으로 바꿔 경찰 수를 늘리고, 친일파를 많이 만들어 냈습니다.

서울에서는 1919년 9월 사이토가 부임하는 날, 강우규가 폭탄을 던졌지만 실패하고 말았습니다. 남자현도 만주에서 이 소식을 들었습니다. 일본은 문화 통치로 좋은 정치를 한다며 세계에 홍보하였지만 무단 통치나 문화 통치나 속내는 달라진 것이 없었습니다. 오히려 문화 통치 기간에 친일파로 변질되는 사람이 늘고, 독립운동 자금을 모으기도 어려워졌습니다.

1926년 4월 남자현은 한 음식점에서 박청산, 김문거, 이청수를 만났습니다.

"사이토 때문에 여러 가지로 어렵습니다."

"사이토를 암살해야 되지 않을까요?"

"기미년(1919년)에 강우규 의사가 사이토를 암살하려 했기 때문에 경계가 삼엄할 것입니다."

동지들은 의논 끝에 사이토를 암살할 계획을 세웠습니다. 남자현은 동지 세 명과 함께 총을 안고 압록강 철교를 건너 무사히 서울로 잠입해 들어왔습니다. 서울 혜화동 28번지 고씨 집이 근거지가 되었습니다. 이때 남자현의 나이 55세였는데 이제 독립운동의 한복판에 서게 되었습니다.

순종

그런데 며칠 뒤인 4월 25일, 순종 임금이 창덕궁에서 돌아가셨다는 소식이 전해졌습니다. 많은 사람들이 창덕궁 돈화문 앞에 모이기로 했습니다. 남자현과 동지들은 이때를 기회로 삼기로 했습니다.

"사람들이 많이 몰려드니 움직이기 편할 겁니다."

"사이토도 조문을 하러 올 거예요."

"총독부 관리들은 돈화문보다 금호문을 자주 이용한다고 합니다."

돈화문은 창덕궁 남쪽에 있는 정문이고, 금호문은 서쪽에 있는 문이었습니다. 남자현은 금호문을 돌아보며 미리 탐색해 두었습니다. 혜화동 고씨 집에 모여 동지들과 함께 탐색한 이야기를 나누고 있는데, 호각 소리와 구둣발 소리가 들려왔습니다.

"무슨 일이지?"

다음 날이 돼서야 사건의 전말을 알게 되었는데, 송학선이라는 청년도 사이토를 암살하려고 이틀을 창덕궁 주위에서 기다렸다고 합니다. 그러다 사흘째 되는 4월 28일 오전 11시, 일본인이 탄 자동차가 창덕궁으로 들어갔는데 오후 1시경 금호문으로 나오는 것을 보았던 것입니다. 세 명이 타고 있었는데 가운데 앉은 사람이 사이토와 비슷했습니다. 그때 누군가가 "사이토 총독이네." 하고 수군거리는 소리를 들었습니다. 송학선은 확신을 갖고 그 자동차 뒤를 따라가서 차가 잠시 멈춰 섰을 때 사이토를 찌르고 도망을 갔습니다. 그래서 일본 경찰이 송학선을 잡기 위해 호각을 불어 댔던 것입니다. 그러나 그 사람은 사이토와 너무나 닮았지만 사이토는 아니었습니다.

  이 일로 일본 경찰의 경계가 삼엄해져 암살 계획 실행이 더디게 지나가고 있었습니다. 그런데 동지 가운데 한 명이 일본 경찰에 미행당하는 일이 벌어졌습니다. 남자현 일행은 사이토 암살 계획을 포기할 수밖에 없었습니다. 그래서 남자현은 어쩔 수 없이 다시 만주로 돌아갔습니다.

안창호의 체포를 막다

　만주로 돌아온 남자현은 안창호의 연설을 듣게 됩니다. 상해 임시 정부에서 활동하던 안창호는 만주를 돌며 민족의 대동단결에 대해 연설하였습니다. 1927년 2월 14일 안창호가 길림성에 와서 강연회를 열자 500명의 사람들이 모여들었습니다. 그런데 무장한 중국 경관 100여 명이 강연장을 포위하고 나섰습니다. 그러더니 20명은 연단으로 뛰어올라 안창호를 포승줄로 묶으려고 하였습니다. 그때 "묶지 마라!" 하는 소리가 들렸습니다. 남자현이 외치는 소

안창호

리였습니다. 이 소리에 놀란 경관은 안창호를 묶지 않았다고 합니다.

　남자현에게는 호랑이와 같은 기상이 있었습니다. 안창호 사건은 '길림 사건'으로 불리는 큰 사건이었습니다. 당시 만주를 지배하던 사람은 장작림(장쭤린)이었습니다. 장작림은 조선 총독부와 함께 만주에 있는 공산당을 몰아내자는 합의를 했는데, 일본 경찰은 안창호 강연회에 모인 사람들이 모두 공산당이라고 거짓으로 알렸습니다. 그 말을 들은 중국 경찰은 강연회에 참석한 사람을 모두 잡아갔습니다. 하지만 여자는 잡아가지 않았습니다. 남자현도 잡혀가지 않았습니다. 여자는 사회 운동을 하는 사람이 아니라고 생각했기 때문에 여자들은 잡아가지 않았던 것이지요. 그리고 우리나라 사람 집을 샅샅이 뒤져 17세가 넘는 남자가 있으면 모두 잡아갔습니다.

　이 사건으로 일본은 안창호, 김동삼을 비롯한 길림의 유명한 항일 독립운동 지도자 42명을 잡아 가두었습니다. 중국 사회 여러 곳에서 혁명가를 가둔 일에 항의하자 20여 일 만에 풀려났는데, 그동안 남자현은 풀려난 사람들을 간호하고, 풀려나지 않은 사람들 석방을 위한 갖은 노력을 다하였습니다. 또 남자현은 독립군 자금을 모금하기 위해 서울에 다녀오기도 했습니다.

죽어서도 일제를 서늘하게 하다

남자현은 망해 가는 조선 시대에 태어나 일찍 남편을 여의고 홀로 자식을 키웠습니다. 48세에 고향을 떠나 항일 운동의 뜻을 갖고 서울로 와서 삼일 만세 운동에 동참하였습니다. 그 뒤 만주로 망명하여 62세로 숨지기까지 15년 동안 꺾이지 않는 의지를 보여 주었습니다. 서로 군정서와 함께 움직이면서 여성 계몽 운동, 독립 자금 모금 활동, 간호사 역할, 분열된 항일 운동가들을 하나로 모으는 활동, 조선 총독부 총독 암살 계획, 만주 관동군 대장 암살 계획을 세우고 몸에 총을 감고 앞장섰습니다. 또 불같은 의지로 자신의 손가락을 잘라서라도 일본의 속뜻을 세계에 알리려고 했습니다.

　모든 활동이 성공했던 것은 아닙니다. 하지만 실패했더라도 대한민국의 의지를 끊임없이 보여 줌으로써 적을 위축되게 만들어서 나라의 독립에 한 발 한 발 다가섰던 것입니다.

　늙은 몸으로 고향을 떠나 조선 독립 만세를 부르짖던 남자현은 죽음 직전 아들에게 이런 유언을 합니다.

　"나에게 249원 80전이 있다. 이 중 200원은 조선이 독립될 때 독립 축하금으로 할 것. 둘째는 손자를 대학까지

남자현의 임종

마치게 하여 조국 광복 운동을 잇도록 할 것, 셋째는 49원 80전에서 반은 손자 학비에 보태고, 나머지 반은 친정 손자에게 주어라."

　마지막 유언에서 우리는 남자현의 뜻을 읽을 수 있습니다. 가지고 있던 돈 대부분을 독립 축하금으로 쓰라고 한 말에서 그가 얼마나 조국의 독립을 원했는지 알 수 있습니다. 실제로 1945년 우리나라가 해방되었을 때 아들 김성삼은 200원을 조국에 내놓았습니다. 그리고 손자 김시련은 하얼빈 대학을 졸업했습니다. 교육이 얼마나 중요하다고 생각했으면 손자를 대학까지 마치게 하라는 말을 유언으로 남겼을까요.

　남자현이 말한 친정 손자란 남사현의 친오빠의 손자를 말합니다. 남자현이 망명했기 때문에 영양에 있던 그의 친정 가족들은 일본의 괴롭힘을 많이 당했습니다. 그에 대한 미안함을 이렇게라도 풀고 싶었던 모양입니다. 아들 김성삼은 영양으로 와서 그 친정 손자를 데리고 와 자기 아들과 함께 키웠습니다.

장례는 조선여관에서 치러지고, 남자현은 공동묘지에 묻혔습니다. 그런데 신문에는 이상한 기사가 났습니다. 남자현의 부고를 경찰이 압수했다는 것입니다. 남자현의 죽음은 단식 사망이 아니고, 병으로 사망한 것이기에 단식 사망이라고 쓰여 있는 부고 종이를 압수했다는 것입니다. 일제에 항거하는 뜻으로 단식했다는 것이 세상에 알려지는 것이 두려웠던 모양입니다. 이렇듯 남자현은 죽어서도 일제를 서늘하게 한 자랑스러운 대한민국 여성이었습니다.

남자현의 묘

남자현 일생

1872년(1세) 12월 7일 아버지 남정한과 어머니 이씨 부인 사이에서 태어나다.
1879년(8세) 한글과 한문을 터득하다.
1886년(15세) 사서를 읽다.
1890년(19세) 안동시 일직면 귀미동 출신 김영주와 혼인하다.
1896년(25세) 남편 김영주가 을미 의병에 참여하여 7월 11일 진보군 진보면 전투에서 사망하다. 이때 남자현은 임신 중이었다.
1913년(42세) 독립운동가들과 연계망을 갖게 되다.
1919년(48세) 2월 말, 고향을 떠나 서울로 오다. 연희전문학교 근처 한 교회에서 삼일 만세 운동에 참여하다. 3월 9일 만주로 떠나다.
1920년대(50세) 교회를 설립하고 여자교육회를 만들어 여성에게 민족의식 불어넣는 활동을 하다.
1927년(56세) 길림 사건을 알리고, 비상 대책반을 꾸리는 활약을 하다. 이후 의열 활동으로 나아가다. 4월, 서울로 잠입해 총독 암살을 준비하였으나 실행하지 못하고 만주로 돌아가다.
1931년(60세) 김동삼이 체포되자 구출 작전을 세웠으나 이송 날짜가 갑자기 바뀌어 구출하지 못하다.
1932년(61세) 왼쪽 넷째 손가락 두 마디를 잘라 그 피로 '韓國獨立願' 다섯 글자를 쓰고 자른 손가락과 함께 싸서 일본의 만주 침략을 조사하러 온 국제 연맹 조사단장 리튼에게 전달하고자 하였으나 실패하다.
1933년(62세) 일본 전권 대사 무토 노부요시 처단 계획을 세웠으나 밀정의 밀고로 체포되다. 가혹한 고문과 단식으로 8월 22일 사망하다.

■ 정정화의 독립운동 일대기 《장강일기》를 바탕으로 구성하였습니다.

임시 정부의 어머니
정정화

1920년 1월, 매서운 겨울바람을 맞으며 스무 살 여자가 조심스레 서울역에서 신의주까지 가는 기차에 올랐습니다. 신의주에서 압록강을 건너 중국 심양으로 가려는 것입니다. 아무런 여행 증명서나 여권이 없었던 여인은 일본의 눈을 피하기 위해 동행한 이가 얻어 온 증명서로 간신히 국경을 넘었습니다.

　일본 경찰에게 발각될까 떨리는 마음으로 기차에 오른 여인은 무사히 심양에 도착했는데, 이번에는 홀로 기차를 탑니다. 이 여인은 누구이며, 어디로 가는 걸까요? 일주일 넘게 기차를 타고 도착한 곳은 임시 정부가 있는 상해였습니다. 상해에 도착하자 조선 사람들 사는 데를 찾아 무턱대고 어느 집에 들어갔습니다.

　"김가진 어르신을 찾아왔습니다."

　김가진은 삼일 만세 운동이 일어나던 1919년 74세의 나이로 비밀 결사대인 대동단 총재가 되어 그해 10월 아들 김의한과 함께 중국으로 건너와 임시 정부에서 활동하고 있었습니다.

시아버지 김가진, 남편 김의한, 아들 김후동,
그리고 정정화(합성 사진)

 김가진을 찾아온 여인은 김의한의 부인이자 김가진의 며느리, 정정화였습니다. 정정화는 그날부터 해방이 될 때까지 25년 동안 임시 정부와 함께했습니다. 그 파란만장한 일대기는 《장강일기》에 기록해 두었습니다. 정정화의 기록을 따라가 보겠습니다.

 드디어 경술년인 1910년 8월에 나라는 일본에 병합되어 명목뿐인 독립마저 잃게 되었다. (줄임) 합방되던 해 시아버님은 이미 65세로 당시로서는 고령이었다. 그리고 관직 재위 중 큰 재산을 모은 것도 없었으며, 집안 형편도 큰살림을 꾸리기에 어려울 지경이었다. 아마도 모든 것을 체념한 상태로 왜놈이 준 작위도 공개적으로 거절하지 못한 것 같다. 내가 시집온 후 시댁은 생활 형편이 날로 영락해졌으며, 기미년(1919년)에는 체부동의 보다 작은 집으로 옮겼다. 시아버님은 그러한 형편에 있었으나 작위에 따라서 주어지는 연금은 끝내 받기를 거부하며 지냈다. 3·1 독립 선언은 물론 시아버님에게도 큰 충격을 주었으며, 비록 74세의 고령이었으나 나라를 위하여 무엇인가 기여하고 싶은 결의를 갖게 했던 것이 분명하다.

이 글을 보니 나라를 위한 김가진의 올곧은 기상이 잘 보이네요.

임시 정부를 찾아 떠나다

정정화는 한일 병합이 일어나고 두 달 뒤인 1910년 10

정정화와 김의한(1920년)

월, 열한 살에 김의한과 혼인하였습니다. 할아버지가 손녀가 시집가는 것을 보고 죽겠다고 하여 일찍 혼인하게 되었던 것입니다. 둘은 나이가 같았기 때문에 소꿉친구로 지냈습니다.

일본은 우리 국권을 빼앗은 뒤 조선의 양반 75명에게 작위를 주었습니다. 지배층에게 특권을 주어 그들을 이용하려고 했던 것입니다. 시아버지 김가진도 작위를 거부하지 못했는데 1919년 삼일 만세 운동이 있은 뒤 독립운동 단체인 '대동단'의 총재를 하며 독립운동 활동을 하였습니다.

1919년 10월이었다. 남편이 시아버님을 모시고 집을 나간 지 며칠이 지나도록 통 연락이 없었다. 시어머님은 그저 바깥일이 바빠서 그럴 테니 크게 마음 쓰지 말라고 나를 안심시키기는 했으나 도무지 갈피를 잡을 수가 없었다. 이상스러우리만큼 평온하게 며칠이 지나던 어느 날, 시어머님께서 무덤덤한 표정으로 내게 신문 한 장을 건네면서 읽어 보라는 것이었다. 시어머님이 왜 내게 신문을 보라는 것인가 의아해하면서 신문을 받아 들었다. 그리고 신문을 읽으면서 나는 그만 어안이 벙벙해질 수밖에 없었다.

소식이 없던 시아버님과 남편의 근황이 신문에 실려 있는 것이 아닌가? 1919년 10월 10일 시아버님과 남편이 국내를 빠져나가 상해로 망명했다는 내용의 기사였다. 이럴 수가! 까마득히 모르고 있었던 일이다. 눈치도 못 채고 있던 것이었.

시아버님의 해외 망명이 있고 나서 점차 알려진 사실에 의하면 두 부자의 국내 탈출은 극적이었다. 극적인 만큼 국내외에

끼친 영향도 지대한 것이었다. 대동단 총재로 활동하던 시아버님이 언제 어떻게 해외 망명을 결심하게 되었는지 자세한 내막은 나로서도 상세히 알 길이 없다. 다만 그때까지 독립운동에 참여한 사람 중에는 시아버님같이 화려한 관직을 가졌던 사람이 없었다는 사실과, 일본으로부터 작위까지 받은 고관이 해외로 망명함으로써 국제적으로 주목받는 효과를 가져올 수 있다는 사실이 시아버님의 해외 망명의 주된 이유가 아니었나 생각한다.

74세의 몸으로 먼 길을 이동한 김가진은 몸에 무리가 와서 상해에 도착해서 병원 신세를 지게 되었습니다. 병원에서 여러 나라 기자들과 회견을 가졌고 각계에서 관심을 보였습니다. 일본은 김가진과 김의한이 망명한 사실을 전혀 몰랐다가 신문에 실린 기자 회견 내용을 보고 알게 되자 집으로 찾아와 집 안을 다 뒤지고 행패를 부렸습니다. 그만큼 김가진의 망명은 여러모로 의미가 있었습니다.

3·1 운동에 꼬리를 이어 대동단 만세 시위 사건이 온 나라를 흥분과 좌절의 도가니로 몰아넣었던 기미년이 가고 1월 초 어느 날이었다. 그날따라 새벽 일찍 눈을 뜬 나는 서둘러 집안일을 끝마치고 시어머님 앞에 가 앉았다.
"어머님, 친정엘 좀 다녀왔으면 합니다."
시어머님은 잠시 의아해하는 표정이더니 의외로 쉽게 내 청을 받아 주었다. 어쩌면 마지막이 될지도 모르는 큰절을 시어머님께 올리고 서둘러 시댁을 빠져나왔다.

그날 정정화는 아버지를 찾아갑니다. 정정화는 서울에서 태어났지만 여섯 살 때 예산으로 이사하였는데, 아버지가 서울 친척집에 잠시 와 있던 때였습니다. 아버지께 상해로 가겠다고 뜻을 밝혔습니다.
"아버님, 제가 상해에 가서 시아버님을 모시면 어떨까요?"
아버지는 한참 만에 말문을 열었습니다.
"말처럼 쉬운 일이 아닐 텐데……. 상해 생활은 여기와 달라. 위험하고 먹고 입는 생활부터 다르다. 괜히 중도에 그만두는 것보다는."

"여러 번 생각하고 결심한 것이에요. 그 점은 걱정하지 않으셔도 돼요."

"믿을 만한 사람은 아니지만 필화가 서울에 와 있으니, 따라가도록 해라. 왜놈하고 끈이 닿아 있다는 말이 있지만 그래도 널 상해까지 안전하게 데려다줄 거야."

말을 마친 아버지는 거금 800원을 건네주었습니다. 정정화는 상해로 갈 준비를 한나절 동안 마치고 서울역으로 가서 아버지가 소개해 준 필화를 만나 기차에 몸을 실었습니다. 필화가 증명서를 얻어와 정정화는 무사히 중국 땅으로 들어갔습니다.

정정화가 무턱대고 찾아갔던 조선인은 마침 김가진을 아는 사람이었습니다. 그 사람을 따라 시아버지와 남편이 있는 집으로 찾아가게 되었습니다.

상해에서 새로운 삶을 시작하다

내가 상해에 오지 않았더라면 어쨌을까 싶을 정도로 시아버님은 어린아이처럼 기쁨을 감출 줄 모르셨다. 드디어 상해에서의 새로운 생활이 시작되었다. 상해 생활이라는 것은 곧 프랑스 조계 내의 대한민국 임시 정부에서의 생활을 말하는 것이었다. 연로하신 시아버님을 모시고자 하는 소박한 뜻에서 물불을 안 가리고 뛰어든 상해는 임시 정부 정청에 나가 일선에서 직접 일을 하지는 않더라도 나는 이미 그 현장의 일원이 되었다. 단신으로 서울을 떠난 것은 망명이라는 이름으로 불리기에 충분했으며, 웃어른을 모신다는 것은 곧 일종의 독립 운동을 의미하기도 했다. 친정아버님이 전해 준 돈은 다름 아닌 독립 자금이었던 것이다.

'조계'란 외국인이 거주하는 곳으로, 프랑스 조계 안에서는 일본인들이 조선에서처럼 마음대로 할 수가 없기에 임시 정부는 프랑스 조계 안에 있었습니다. 정정화는 늙으신

아버님을 모셔야 한다는 마음에서 상해로 간 것이지만 독립운동에 필요한 자금을 가져갔고, 임시 정부 고문인 시아버지를 모시는 일이 곧 독립운동과 같은 행위로 평가받았습니다.

임시 정부 요인들을 주축으로 한 상해의 여러 사정들을 몸에 익히면서 하루하루를 바쁘게 보냈다. 서울 시댁에서 무료하게 살림살이를 꾸려 나가던 때와는 전혀 분위기가 달랐다. 생활은 어렵더라도 상해에는 무언가 긴장되고 활기찬 움직임이 있었다.

상해로 오기 전 국내에서는 3·1 운동의 기운에 힘입어 상해 임시 정부에 걸고 있는 기대가 컸었다. 금방이라도 무슨 획기적인 일이 일어날 것만 같은 분위기였는데, 막상 상해에 직접 와서 보고 듣고 알게 된 임시 정부는 불행하게도 그렇지 못하였다. 정치적인 움직임에 대해서는 자세하게 아는 바가 없기 때문에 이렇다 저렇다 말할 형편이 못 되었지만, 적어도 임시 정부 요인들이 각자 꾸려 나가는 살림살이라는 것은 그야말로 말씀이 아니었다. 상해로 발을 붙인 지 달포 남짓 지났을 때였다. 좋게 말하면 대담하고, 아무리 잘 봐준다 해도 당돌하기 그지없는 내 기질이 또 한 번 살아나기 시작했다. 그러나 아주 터무니없는 발상은 아니었다. 국내에 들어가서 돈을 구해 오면 어떨까 하는 생각이 들었던 것이다.

하루하루 힘들게 연명하다시피 하는 상해 생활로 봐서 내가 그런 마음을 먹게 된 것은 결코 무리가 아니었다. 대의를 위해 불철주야 뛰어다니는 여러 지사들도 활동을 위해서는 생계가 유지되어야 한다는 사실을 부인하지는 못했다.

"엉뚱한 소견인지는 모르겠습니다만, 제가 친정에 가서 돈을 좀 얻어 와 볼까 하는데요."

정정화가 상해로 올 때는 늙으신 시아버지를 보살펴야 한다는 마음에서였습니다. 그런데 아버지가 준 돈이 있어 뜻하지 않게 독립 자금을 가지고 온 셈이 되었지요. 그런데 상해에서 생활하다 보니 독립운동하는 사람들의 생활이 말이 아니었습니다. 그래서 아버지한테 가서 돈을 구해

올 생각을 했습니다. 열한 살에 혼인하여 시댁에서만 생활했던 정정화가 친정 말고는 따로 돈을 얻을 데도 없었습니다. 정정화는 임시 정부에서 법무 총장을 맡고 있는 신규식에게 자기 뜻을 밝혔습니다.

어떠한 일이 있어도 한 차례 귀국을 하겠다는 나의 결의를 알게 된 신규식은 그러면 자신의 지시에 따라 움직여 줄 것을 요청했다. 친정에 가서 돈을 좀 얻어 오려던 나의 사사로운 계획은 임시 정부 법무 총장 신규식의 지시에 따른 공적인 임무로 바뀌게 되었다.

내가 맡게 된 임무는 자금 조달이었으며, 상해 출발에서부터 국내 잠입, 상해 귀환의 모든 경로 및 절차는 임정의 지시에 따르도록 되어 있었다. 친정은 대동단 사건에 큰오라버니가 관련된 것으로 인하여 삼엄한 감시를 받고 있었으므로 처음부터 들르지 않고, 국내에 있는 동안은 신규식의 조카인 산부인과 의사 신필호의 집에 은신하기로 하였으며, 그곳에서 신규식과 시아버님이 지정한 몇 군데하고만 연락을 취하도록 지시받았다.

내가 국내에 들어가 접촉해야 할 사람들 앞으로는 시아버님이 쓴 편지가 전달되게 되었는데, 한지에다 백반 물로 글씨를 쓴 일종의 암호 편지였다. 그냥 무심히 보기에는 아무것도 쓰여 있지 않은 백지 같았지만, 그 종이를 불에 갖다 대고 쪼이면 글씨가 뚜렷하게 살아나서 쉽게 읽을 수 있게끔 만든 것이었다.

이 암호 편지는 나중에 일본 경찰의 눈에 뜨이게 되어 계속 이용할 수 없었고, 또 다른 새로운 방법의 통신 수단이 나왔는데, 일종의 끈 편지라고 할 수 있는 것이다. 종이에다 직접 글을 써서 그 종이를 노끈 꼬듯이 꼬아서 물건을 묶어 놓으면 편지는 꼭 끈처럼 위장되는 것이다.

신규식과 시아버님의 철저한 사전 지시를 받은 나는 3월 초순에 상해를 출발했다.

독립 자금 모금을 위해 국내로 잠입하다

정정화는 연통제에 따라 움직였습니다. 연통제란 대한

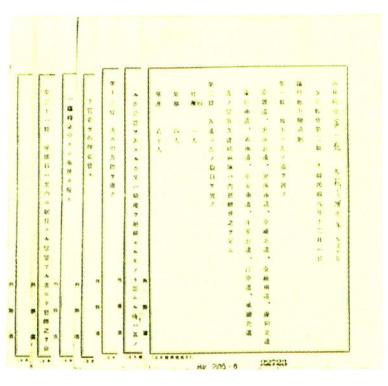
연통제에 대한 일본 외무부 문서

민국 임시 정부의 비밀 통신 연락망을 말합니다. 정정화는 상해에서 배를 타고 단동으로 갔습니다. 단동에 도착하자 신분 위장을 위하여 일본 형사를 하는 최석순을 찾아갔습니다. 최석순은 정정화를 보고 깜짝 놀랍니다. 젊은 여자가 올 것이라고는 상상도 못 했기 때문이었지요. 최석순 집에서 하룻밤 묵고 난 다음 날, 정정화는 최석순 누이동생이 되어 압록강 철교를 건너 무사히 신의주에 도착했습니다. 그리고 곧바로 세창양복점을 찾아갔습니다.

신의주에 넘어와서는 역시 비밀 연락소인 시내의 세창양복점을 찾아갔다. 양복점 주인이자 재단사인 이세창 씨는 내 신분을 확인하자 안전하게 서울까지 갈 수 있는 모든 편의를 돌봐 주었다.

세창양복점에서 하룻밤을 지내는 동안 이세창 씨와 여러 이야기를 나눌 수 있었다. 별로 배운 것도 없고, 나라가 망하기 전에 세도가나 집권자들의 압제를 받으며 억눌려 지내 오기만 했던 사람이 자신에게 해를 끼쳤다면 모를까, 이렇다 할 혜택이나 은덕을 베풀어 주지 못했던 조국이 이미 숨통이 끊긴 마당에도 그 조국을 찾고자 위험을 무릅쓰고 일제에 항거하는 모습을 볼 때 진정한 애국자가 따로 없다는 것을 뼈저리게 느낄 수 있었다.

그런 분이 나중에 왜경에 체포되어 투옥되고, 결국은 소식도 들을 수 없는 또 다른 외진 곳으로 스며들어 다시는 이름 석 자가 세상에 밝혀지지 않았다는 것은 안타깝기 그지없는 일이다.

나라로부터 아무런 혜택도 받지 못했던 가난한 백성들

이 나라를 위해 애쓰는 모습에 정정화는 감동을 받습니다. 나중에 이세창은 정체가 발각되어 일본 경찰에 체포되어 투옥되었습니다. 이 소식을 들은 정정화는 안타까운 심정을 이렇게 표현했습니다.

아무도 모르게 곳곳에 숨어서 활약한 이세창 씨 같은 분이 없었더라면 역사에 이름 석 자를 남긴 독립투사들의 공적도 물거품같이 허망한 것이 되었을 것이다.

이름 없이 독립운동을 했던 사람들에게 정정화는 존경의 뜻을 갖고 있었습니다. 이런 분들 때문에 정정화도 독립 자금 모금 활동을 할 수 있었던 것입니다. 서울에 도착한 정정화는 과연 많은 자금을 모았을까요?

서울에 도착한 즉시 나는 서울역 건너편의 세브란스 병원 관사에 있는 신필호 박사를 찾아갔다. 나는 신 박사에게 내가 서울에 온 목적과 해야 할 일들에 대해서 비교적 자상하고 솔직하게 이야기하고 도움을 청했다. 신 박사는 쾌히 승낙했고, 안전한 자기 집에 머물면서 일할 수 있도록 모든 편의를 제공했다. 당시 세브란스 병원은 외국인이 경영하고 있었으므로 일본 경찰의 출입이 뜸했고, 감시도 소홀해서 국내의 인사들과 연락을 취하기는 아주 맞춤한 곳이었다.

시아버님은 근 삼십 년간을 막역한 사이로 지낸 민영달에게 크게 기대를 걸고 내게 꼭 찾아보라고 말씀하셨기에, 나는 아버님의 지시대로 병홍과 함께 서강에 있는 민영달의 집을 찾아갔다. 내기 안채에 있는 동안 병홍대부는 민영달과 은밀하게 장시간 이야기를 나누었다. 그러나 결국 병홍대부는 맨손으로 나오고 말았다. 대중교통 수단이 없는 당시 시내에서 서강까지 내왕하는 데는 꼬박 하루가 소비되었다.

민영달은 거부였으며, 자금을 상당히 내놓을 능력이 있는 사람이었다. 그리고 민족의식이 없는 분도 아니었다. 그러나 금액의 많고 적음보다는 거기에 따르는 위험을 걱정한 것으로 추측된다. 그는 그 후 〈동아일보〉 창간에 거금을 출자하는 등 말하자면 합법적인 일에는 인색하지 않았으나 거부로서

조심하지 않을 수 없었던 것 같다.

결국 민영달과의 접촉은 헛수고로 끝났고, 시아버님이 지시한 제한된 몇 사람과의 만남에서도 기대했던 만큼 큰 성과는 거두지 못했다.

나는 상해에서 지시받은 대로 친정과는 연락을 취하지 않았다. 그때까지도 큰오라버니가 옥중에 있었으며, 친정은 왜경의 감시가 심했기 때문이었다. 그리고 내가 서울에 머물러 있을 때는 친정아버님이 이미 예산에 내려가 있었기 때문에 친정아버님에게도 자금을 받을 수 없었다.

첫 번째 귀국에서는 20일가량 서울에 머물렀고, 4월 초, 왔던 길을 거슬러 상해로 출발했다. 내 나라의 주권이 없는 마당에 국내는 적지와 한가지여서 적지에 잠입해 들어왔다가 탈출해 나가는 기분이었다.

일제의 문화 정책으로 벽에 부딪히다

정정화는 국내로 들어오는 일은 성공했지만 독립 자금

을 모으는 일은 뜻대로 되지 않았습니다. 문화 사업에는 돈을 내는데, 독립 자금을 내주지는 않았습니다. 왜 그랬을까요?

3·1 운동 후에 일제가 취한 이른바 문화 정책은 일제의 의도대로 조선 국내에서 상당한 성공을 거두었다고 볼 수 있다. 조선인 자본가들도 일제의 문화 정책에 보조를 맞추어 교육 사업이나 문화 사업에 자금을 대는 것은 명예에도 도움이 되는 일이었으나, 반면 독립운동에 자금을 대는 일은 위험하고 그야말로 실속이 없는 일이었다. 그러니 임시 정부의 재정은 날로 어려워졌고, 관계자 대부분은 임정의 대열에서 이탈했다.
임정에 참가했던 상당수의 사람들은 날로 어려워지는 임정의 상황을 보고서 국내로 돌아가기 시작했다. 국내에 돌아가서도 계속 투쟁하는 사람도 있었으나 독립운동의 대열에서 아주 이탈한 사람이 더욱 많았으니 이광수 등과 같이 귀국 후 세인의 눈총을 받으며 전락한 자들도 있었다.

1910년 8월 22일 한일 병합으로 국권을 빼앗은 일본은 우리나라를 군사, 경찰의 힘으로 억압하는 무단 통치를 하였습니다. 이에 항거하여 나라의 독립을 외친 삼일 만세 운동이 일어나자 일본은 우리나라에 좋은 정책을 펴는 것처럼 보이도록 단체 활동과 언론 활동을 할 수 있는 문화 통치로 바꾸었습니다. 그러다 보니 많은 사람들이 합법적으로 보이는 활동에는 참여하지만 위험하다고 생각하는 일에는 나서지 않았습니다. 일본 입장에서 문화 정책은 성공한 정책이었습니다. 임시 정부에서 활동했던 이광수가 귀국한 뒤 친일파가 된 것처럼 문화 정책을 펴던 때에 변절한 사람들이 많아졌습니다. 일제의 문화 정책을 평가한 정정화의 글을 보니, 정정화는 역사를 바라보는 눈이 깊었다고 말할 수 있겠습니다.

　기대에는 못 미친 독립 자금을 갖고 정정화는 무사히 다시 임시 정부로 돌아갔을까요? 정정화가 돌아간 길을 따라가 보겠습니다. 정정화는 왔던 길을 거꾸로 되짚어 갔는데, 서울역에서 기차를 타고 신의주로 가서 세창양복점으로 갔습니다.

안동에서 신의주로 들어올 때와는 달리 신의주에서 안동으로 빠져나가는 일은 그리 쉽지 않았고, 많은 위험이 뒤따랐다. 압록강 철교를 건너는 것이 아니라 배로 강을 건너야 했기 때문에 낮에는 움직일 수가 없었고, 밤이 되기를 기다려 이세창 씨의 안내로 양복점을 빠져나갔다.

압록강 하류의 강변에 도착한 우리는 신발을 벗어 들고 진흙과 자갈이 섞여 넓게 펼쳐진 강변을 따라 맨발로 삼십 리 길을 거슬러 올라가야 했다. 사방이 깜깜하고 바닥이 고르지 않은 밤길이어서 이세창 씨의 바로 한 걸음 뒤에서 바싹 뒤꽁무니를 따라가자니 여간 벅차고 힘든 길이 아니었다.

거의 세 시간쯤을 걸어 북하동에 이르렀을 때 어둠 저편에서 쪽배 하나가 기다리고 있었다. 미리 연락이 닿아 있었던 모양이었다.

우리는 압록강을 가로질러 쪽배를 띄웠다. 칠흑 같은 어둠 속 어디에선가 왜경들이 우리의 일거수일투족을 노려보고 있을 것만 같았다. 밤의 강 소리는 사람을 위협한다. 차라리 짐승의 포효라면 방향이라도 알고 겁에 질려 달아나기라도 하련만 한밤중의 강바람 소리는 달랐다. 전혀 으르렁거리지 않으면서도 사방에서 사람을 옥죄고 들었다. 쪽배가 압록강의 중국 쪽 언저리에 닿았을 때 나는 제풀에 지쳐 기진맥진해 있었다. 최석순의 집에 무사히 들어갈 수 있었던 것은 순전히 이세창 씨 덕분이었다. 최석순 내외는 사전 예고도 없이 한밤중에 들이닥친 나를 마치 죽었다 살아온 사람마냥 반겼다.

독립운동가들이 중국과 우리나라를 오가는 일은 아주 어려운 일이었습니다. 정정화가 쓴 글을 읽노라면 손에 땀이 납니다. 단동에서 상해까지는 배를 타고 움직였습니다. 김가진이 아들 김의한과 망명할 때에도 배를 탔고, 정정화가 독립자금을 모으는 활동을 할 때도 그렇고 중국에서 이동할 때 배를 많이 이용했습니다. 무역 회사 이륭양행을 운영하는 아일랜드인 조지 루이스 쇼가 배를 타게 해 주었기 때문입니다. 아일랜드가 영국의 식민 통치에 맞서 오랫

동안 독립운동을 해 왔기 때문에 한국의 독립운동을 이해하고 도왔던 것입니다. 정정화도 안전한 이 배를 이용했습니다. 하지만 이런 사실이 일본 경찰에 발각되어 조지 루이스 쇼는 내란죄로 잡혀 감옥에 갇히기도 했습니다.

정정화가 독립 자금을 가지러 간 일은 상해 망명 사회에서 화제가 되어 나중에는 모르는 사람이 없게 되었습니다. 그로부터 1년 뒤 봄, 정정화는 다시 비밀리에 조국 땅을 밟아 독립 자금을 모았습니다. 그런데 그 뒤 단동과 신의주에 있는 비밀 기점들이 일본 경찰에 발각되었습니다. 일본 경찰로 위장했던 최석순은 무사히 도망쳤지만 양복점을 하던 이세창은 그만 잡히고 말았습니다. 연통제가 조금씩 무너지고, 임시 정부 사정도 점점 나빠졌습니다.

기미년 3·1 운동 때부터 청원과 호소에 의하여 독립을 이루어 보려는 생각이 많은 독립운동가 사이에 퍼져 있었다. 그 한 예로 '파리 강화회의'에 큰 기대를 걸었는데, 결국 파리 강화회의는 약소민족의 해방과는 전혀 상관이 없었다.

처음부터 외교를 통하여 독립을 얻으려고 생각했던 사람들에게는 큰 실의를 안겨 준 셈이다. 임시 정부도 시작부터 무장 투쟁보다 호소와 청원에 주력하였으니 실망하지 않을 수 없었다. 무장 투쟁을 지지하는 세력은 임시 정부의 지도부에서도 소수파에 지나지 않았고, 국제 정세가 호소를 통한 독립의 가능성이 전무하다는 것이 분명해지면서 임시 정부에 대한 지지는 약화되었고, 질적으로 임정의 세력도 쇠퇴해 갔다.

독립운동은 무기를 갖추고 군사 행동을 하는 항일 무장 투쟁 방향과 힘이 강한 서구의 나라에 독립을 청원하는 외교적인 방향으로 나뉘었습니다. 임시 정부에서 활동하는 사람들은 외교적인 활동에 더 힘을 쏟았습니다. 하지만 서구의 나라들은 우리 민족의 독립에 관심이 없다는 것이 밝혀지면서 임시 정부에서 활동하는 사람들 가운데는 항일 무장 투쟁을 하기 위해 만주 지역으로 건너가는 사람들도 생겼습니다.

1920년 10월 청산리 전투 승리 기념사진

시아버님과 남편도 상해를 떠나 만주로 갈 것을 희망하고 있었다. 당시 만주에는 김좌진 장군이 북로 군정서의 총사령관으로 있었는데, 남편에게 아버님을 모시고 오라는 편지를 보냈다. 그러나 그때 연로하신 시아버님의 건강이 아주 좋지 않았으며, 세 식구가 만주로 옮겨 갈 여비를 마련하기도 어려운 처지였다.

그리하여 1922년 6월에 나는 다시 한 번 본국에 다녀올 것을 결심하였다. 그러나 임시 정부의 어른들은 모두 나를 만류하였다. 이제는 자금이 잘 모이지도 않을뿐더러 그런 목적으로 본국에 들어갔다가 무사히 돌아오는 경우마저 드물어졌기 때문이다. 사실 임시 정부의 국내 연락을 맡았던 교통국과 연통제의 조직이 다 와해되어 있어 내왕을 도울 길이 없던 상황이었다.

만주에서 활동하던 독립운동가들은 무장 투쟁을 하는 사람들이 많았습니다. 이 글에 따르면 정정화의 시아버지와 남편도 외교에 의한 독립은 불가능하다고 판단하고 만주로 가기를 희망하였던 듯합니다. 2천 명이었던 상해 한인 사회는 그 수가 500명으로 줄었습니다. 정정화도 상해에 있는 것이 의미가 있나 하는 생각이 들 정도였습니다. 하지만 만주로 갈 수 없을 만큼 경제 형편이 좋지 않았습니다. 정정화의 3차 독립 기금 모금은 악조건 속에서 선택한 결정이었습니다. 임시 정부의 연통제가 다 발각된 뒤라 정정화는 혼자서 들어갈 방법을 찾아야 했습니다.

세 번째 국내 잠입에서 체포되다

정정화는 본국으로 들어갈 방법을 찾다가 어떤 사람을 만나게 되었습니다. 상해로 망명 온 김충식을 데려오라는 임무를 받은 이욱이라는 사람이었습니다. 김충식이 돌아가지 않겠다고 해서 정정화는 이욱과 오누이 관계로 위장하고 귀국하기로 했습니다. 상해에서 배를 타고 단동에 도착했습니다. 이번에는 인력거를 타고 압록강을 건너기로 했습니다.

다리를 들어설 때는 일경의 검문이 없었고, 이제는 저쪽 건너편의 검문만 통과하면 신의주 땅을 무사히 밟을 수가 있었다. 속으로야 어찌 되었든지 겉으로는 짐짓 태연한 체하며 인력거 위에 올라앉아 건너던 그 압록강 다리가 어찌나 길게 느껴지던지, 가도 가도 끝이 없는 다리처럼 여겨졌다.
그러나 그 가슴 조이던 순간도 잠깐이었다. 다리를 거의 빠져나갔을 즈음 해서 일본 경찰 두 명이 슬그머니 인력거 앞을 가로막고 섰다. 꼭 검색해야 할 만큼 의심을 두고 있지는 않은 듯했지만 그렇다고 그냥 보내기에는 뭔가 뒤가 개운치 않은 듯, 늘 하던 버릇대로 일단 인력거를 세워 멈추게 하고는 형식적으로 검문을 하는 태도였다.

지금 생각해 봐도 그때 이욱과 나의 행동은 결정적인 실수였다. 끝까지 능청을 부리면서 예사롭게 넘겼어야 할 것을, 예기치 않았던 검문에 그만 어물어물하고 당황했던 것이다. 아마도 무사히 다 건넜다는 안도감에 젖어 있다가 느닷없이 당했

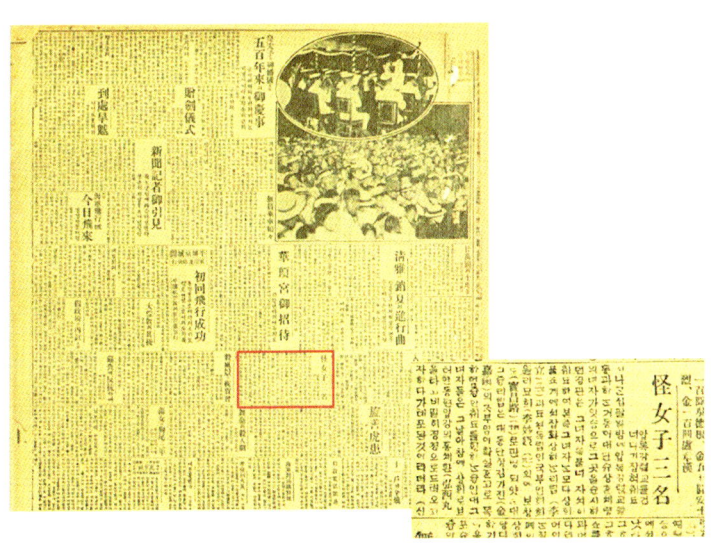

1922년 6월 24일 자 〈매일신보〉에 실린 정정화 체포 기사

기 때문이라고 생각한다. 일경들은 의외로 당황하고 안절부절하는 우리의 반응을 보고 즉시 태도를 바꿔 바싹 의심하게 되었고, 결국 그 자리에서 우리는 체포되고 말았다.

정정화는 어이없게 체포되고 말았습니다. 일본 경찰은 정정화가 임시 정부에서 온 사람이라고 생각하지 않았습니다. 그런데 이틀 동안 심문하면서 시아버지가 김가진이라는 것이 드러나자 사흘째 되는 날 서울로 압송하였습니다. 서울역에 도착하자 종로경찰서에서 나온 형사가 정정화를 바로 연행해서 심문했습니다.

"무슨 일로 왔지?"

"시어머니가 어찌 사시는지 궁금해서 왔습니다."

"몇 번째 온 거지?"

"처음입니다."

갖은 회유와 협박이 있었지만 정정화는 이번이 처음 온 것이며 며느리 도리를 하려고 온 것이라고 답했습니다. 입을 굳게 다문 덕에 일본 경찰은 정정화가 독립 자금을 모으기 위해 국내로 들어왔다는 사실을 밝혀내지 못했습니다. 석방된 정정화는 시댁으로 갔는데, 그만 놀라고 말았습니다. 시아버지가 돌아가셨다는 전보가 와 있었던 것입니다.

정정화는 시신은 없지만 시아버지가 살던 곳에서도 장례식을 해야 한다고 생각해 사람들에게 장례식 비용을 얻어서 시어머니와 함께 장례를 치렀습니다. 장례를 치르고 남은 돈은 독립 자금으로 가져가려고 상해로 떠날 준비를 했습니다.

김가진 장례 행렬

정정화가 독립 자금을 들고 다시 임시 정부를 찾아가는 일은 수월했습니다. 시아버지의 죽음으로 종로경찰서에서 여권을 마련해 주었기 때문입니다. 김가진의 장례는 중국 상해에서도 크게 치렀는데, 이 일로 대한민국 임시 정부의 존재가 세계에 알려지기도 했습니다.

임시 정부의 어른들을 모시다

정정화는 처음에는 늙으신 시아버지를 돌봐야 한다는 마음으로 상해로 출발하였으나, 독립 자금 모금이라는 임시 정부의 임무를 수행하는 여성이 되어 있었는데, 그 뒤로는 자연스럽게 임시 정부의 어른들을 모시게 되었습니다. 김구, 이동녕, 김구 어머니를 비롯해 여러 임시 정부 요원 어른들을 살피는 일을 하게 되었습니다. 김구와 얽힌 이야기 한 편 소개하겠습니다.

우리가 첫아들을 얻었을 때는 남편이 직장을 가지고 있었으므로 형편이 조금 나아졌을 무렵이었다. 그러나 임시 정부의 일을 맡아 하는 분들은 생활이 더욱 어려워졌다. 당시 임정의 살림은 이동녕과 김구 몇 분이 거의 다 짊어지다시피 한 상태였는데, 돈이 바닥이 날 때가 많았고, 그럴 때면 그야말로 끼니가 간 데 없어 이집 저집을 돌아다니면서 한 술씩 얻어 드시기까지 했다.

김구는 어쩌다 자금이라도 좀 생기면 임정의 살림 비용뿐만 아니라 백범이 책임 맡고 있는 애국단의 폭탄이나 무기 장만 등의 비용에 우선적으로 썼으므로 개인적으로는 먹고사는 게 늘 어려웠다. 여기저기 다니다가 배가 출출하면 서너 시쯤 우리 집으로 온다.

"후동 어머니, 나 밥 좀 해 줄라우?"

왜놈 잡는 일에는 그렇게 무섭고 철저한 분이지만 동고동락하는 이들에게는 당신 자신이 공적으로나 사적으로 아무리 어려운 처지에 있더라도 겉으로 나타내는 법 없이 항상 다정하고 자상하며 격의 없는 분이 김구였다.

'독립이 될 때까지 다시는 조국 땅에 오지 않겠다'

스물아홉 살인 1928년에 정정화가 낳은 첫아이 후동이(나중에 '기둥'으로 이름을 바꿈)는 네 살이 될 때까지 친정 식구와 시댁에서 아무도 보지 못했습니다. 정정화는 어머니와 시어머니께 후동이를 보여 드리려고 귀국했는데 이 귀국길이 해방 전까지 정정화의 마지막 귀국길이 되었습니다. 그건 정정화의 결심 때문이었습니다.

1931년 초에 다시 상해로 돌아가면서 나는 독립이 되기 전에는 다시 귀국하지 않을 것이라고 마음먹었다.

정정화는 왜 이런 결심을 했을까요?

서른 살이 되던 해 여름, 나는 10년 전 망명길에 오른 후 여섯 번째로 다시 고국 땅을 밟았다. 아기를 데리고 할머니를 뵈러고 귀국하는 길이었으므로 여행에는 별로 문제가 생기지 않았다.

한번은 시댁에서 가까운 인사동을 지나다가 내가 첫 번째 본국에 들어왔을 때 나를 집에 숨겨 주고 적극적으로 도와주었던 이의 집 골목을 지나게 되어 반가운 마음으로 찾아 들어간 적이 있다. 젊은 안주인이 있길래 내가 "아무개입니다." 하고 알은체하며 안부를 묻자 그 여인은 대뜸 "누구시더라?" 하는 게 아닌가. 나는 뒤도 안 돌아보고 얼른 되돌아섰다. 그런 무안이 없었다. 어쩌면 난생처음 당하는 곤혹스러움이었다.

독립운동하는 사람을 아는 체하면 위험이 크기 때문에 부담이 되었을 거라고 이해하려 했지만 올바른 행동이 아니었습니다. 독립운동하는 사람들이 힘겹게 살면서 누구를 위해 활동하는 것인가. 정정화는 마음에 불이 일었고, '독립이 될 때까지 다시는 조국 땅에 오지 않겠다.' 눈물 나는 결심을 합니다.

그로부터 몇 달 뒤인 1931년 9월 18일, 일본은 만주를 침략했습니다. 만주는 항일 무장 투쟁의 본거지였습니다. 일본의 만주 침략은 참혹한 결과를 낳았습니다.

일본군의 만주 점령

일본군의 만주 점령과 더불어 그때까지의 독립운동 근거지들이 전부 파괴되었던 것이다. 많은 독립운동가들이 체포당했으며, 지도부의 대부분은 약 1년 동안 끈질긴 저항을 폈으나 결국 만리장성 남쪽으로 쫓겨났다.

더구나 만주 침략은 국제적으로 제재를 받지 않았으며, 일본 제국주의는 강화되었고, 동시에 우리 민족의 독립은 더욱 멀어지기만 하는 듯싶었다.

일본은 만주를 침략한 다음 해에는 만주국이라는 일본의 꼭두각시 나라를 세웠고, 1937년에는 중일 전쟁을 일으키면서 중국에서 영향력을 확대해 나갔습니다. 나라 밖 사정이 변하면서 외교에 의해 독립을 꿈꾸었던 임시 정부도 독립운동 방향을 바꿀 수밖에 없게 되었습니다.

임시 정부를 따라 옮겨 다니다

임시 정부의 외교적 고립과 국내와의 단절은 새로운 투쟁 양식을 요청하였다. 임시 정부는 표면에 나서지 않고 김구 혼자서 책임지고 테러 활동을 주도하기로 결정지었다. 김구가 주도하는 일종의 테러 단체인 애국단에서 택한 첫 번째 활동 목표는 일본 천황이었다. 일제의 총수이며 상징인 그를 처단의 첫 대상자로 택한 것은 당연한 일이었다.

정정화가 말한 애국단은 '한인애국단'을 말하는 것입니

다. 외교에 의한 독립을 꿈꾸었던 임시 정부도 이제 독립 운동 노선을 변경한 것입니다. 임시 정부는 김구에게 모든 권한을 주었고, 김구는 임시 정부에 비밀 결사대원 80여 명을 모아 비밀 조직을 만들었습니다. 1932년 이봉창이 일본 도쿄에서 천황이 탄 마차에 수류탄을 던진 일, 윤봉길이 상해 홍구공원에서 열리는 일본 천황의 생일 축하연과 전승 기념행사에 폭탄을 던진 일 모두 애국단이 한 것이었습니다.

이런 일이 있은 뒤 일본 경찰은 김구를 비롯한 임시 정

한인애국단의 이봉창(왼쪽)과 윤봉길(오른쪽)

부 인사들, 애국단 단원들을 잡는 데 혈안이 되었습니다. 임시 정부는 상해를 탈출해야 했고, 정정화 가족도 임시 정부를 따라 움직였습니다. 13년 동안 상해에 있었던 임시 정부는 그 뒤 8년 동안 항저우(1932년), 전장(1935년), 창사(1937년), 광저우(1938년), 류저우(1938년), 치장(1939년), 충칭(1940년) 등지로 옮겨 다녀야 했습니다. 임시 정부가 옮겨 다닐 때는 100명이 넘는 사람들이 움직였는데, 어떤 때는 배를 타고, 어떤 때는 버스를 타고, 어떤 때는 기차를 타며 힘든 과정을 함께했습니다.

임시 정부의 안살림을 맡다

광저우를 출발하면서부터 임시 정부의 전체 살림은 차이석이, 안살림은 정정화가 맡아 했습니다.

임시 정부의 살림이라는 것이 일정한 수입과 계획적인 지출로 짜임새 있게 운영되는 것이 아니었기 때문에 거의 주먹구

구식에 가까웠다. 더구나 방랑 생활이 시작되면서부터는 더욱 그랬다. 그러니 임정의 살림을 책임지는 일이란 그럴수록 더욱 어렵고 힘든 것이었다. 남모르는 가슴앓이로 한시도 마음 편한 날이 없었을 것이다.
나처럼 임정 살림의 뒤치다꺼리를 맡은 사람들은 돈이 필요할 때마다 그분들에게 손을 벌리곤 했는데, 그럴 때마다 지출 금액을 일일이 장부에 기록할 필요도 없을 만큼 임정의 살림은 형편없었다. 돈을 받아 쓰는 사람의 마음도 성에 차지 않았지만, 푼전을 내주어야 하는 분들의 심정도 헤아릴 수 없을 정도로 참담한 것이었으리라.

당시 임시 정부의 재정 상태를 알 수 있는 정정화의 글입니다. 안살림을 맡으며 돈을 받는 일도, 그 돈으로 살림을 꾸려 나가는 일도 쉽지 않았음을 짐작할 수 있습니다.

1940년이 되었다. 내가 시아버님 뒤를 따라 중국 상해에 첫발을 디딘 후 꼬박 20년이 지난 셈이고, 내 나이도 이제는 사십 줄에 접어들게 되었다. 갓 스무 살 적 젊은 여인의 단심 하나는 무리 삼아 천방지축으로 뛰어다니며 이것저것 앞뒤를 재고 추스르고 할 사리도 분명하지 않은 채 이른바 망명 정부에 몸을 던진 지 어느덧 스무 해가 흘러간 것이다.

상해에서 시아버님을 모시던 일, 독립운동 자금을 품에 감추고 가슴 조이며 거룻배로 압록강을 건너던 일, 일본군에 쫓겨 아슬아슬하게 상해를 빠져나와 치장까지 허겁지겁 도망 왔던 일. 그 20년은 숨어 산 20년이었고 쫓겨 다닌 20년이었다. 그런데 손에 잡힌 것은 없다. 일찌감치 벗어 버렸어야 할 식민지 국민이라는 오명도 내팽개치지를 못했다. 어찌 될 것인가, 어찌할 것인가?

1940년 3월, 우리는 훌륭한 영도자 한 분을 잃었다. 임정 주석인 이동녕 옹이 치장에 있는 임정 건물 2층 침소에서 71세의 나이로 별세한 것이다. 따뜻한 봄날이었다. 이동녕은 임정의 지도자였을 뿐만 아니라 우리 식구와는 한 가족 같은 사이여서 내가 꼭 아버님처럼 여겼던 분이었고, 상해에서 처음 뵈었을 때부터 줄곧 20여 년을 모셨던 분이었다.

이동녕 장례식

이동녕의 죽음은 정정화에게 큰 슬픔을 가져다주었는데, 그 슬픔이 가시기도 전에 김구의 어머니가 돌아가셨습니다.

석오장(이동녕 호)을 잃은 슬픔이 채 가시기도 전에 중경(충칭)에서 또 하나의 슬픈 소식이 날아들었다. 병석에 누워 계시던 백범의 어머님이 돌아가셨다는 소식이었다. 석오장이 작고한 지 겨우 한 달이 지나서였다. 불과 두 달 사이에 내가 부모같이 모시던 두 어른을 한꺼번에 잃은 내 심정은 이루 말할 수 없는 것이었다.

아드님 백범이 서대문 감옥에서 고초를 겪고 있을 때 백범을 면회하면서 "나는 네가 경기 감사를 한 것보다 더 기쁘다"며 태연한 안색으로 자식에게 용기를 주었던 분, 상해에서 끼니 잇기가 어려울 때 중국 사람들의 쓰레기통을 뒤져 배추 떡잎을 주워다가 반찬을 만드셨던 분, 가흥(자싱)에서 10여 년 만에 모자가 다시 만났을 때 "나는 이제부터 너라고 아니하고 자네라고 하겠네. 또 말로 책하더라도 초달로 자네를 때리지 않겠네. 들으니 자네가 군관 학교를 설립하고 청년들을 교육한다니, 남의 사표(학식과 덕행이 높아 남의 모범이 될 만한 인물)가 된 모양이니 그 체면을 보아 주자는 것일세."라며 이미 한 민족의 지도자가 된 백범을 더욱 탄탄하게 교육시켰던 분, 그런 민족의 어머님도 가셨다.

총과 칼을 들지 않고도 이 민족의 큰 별들이 하나씩 둘씩 그 자취를 감출 때마다 조국의 독립이 그만큼 점점 더 멀어지는 듯싶었던 것은 나만이 느낀 심정이 아니었으리라.

존경하는 분들의 죽음은 정정화를 크게 흔들리게 했습

자싱에서 임시 정부 사람들과 함께. 앞줄 왼쪽에서 두 번째가 정정화입니다.

니다. 특히, 같은 여자였던 백범 어머니의 죽음은 정정화에게 큰 슬픔이었습니다. 하지만 이동녕의 유언대로 임시 정부 안에서 나누어져 있던 세 정당이 한국독립당(한독당)으로 통합되어 힘을 합칠 수 있었습니다. 한독당이 창립되면서 정정화도 창립 당원이 되었고, 다음 달에는 한국여성동맹이 창립되어 간사 일을 맡게 되었습니다.

해방을 맞다

정정화는 20년 망명 생활을 돌아보며 고민이 많았지만 정치 활동에도 보다 적극적으로 참여하기로 결심한 듯합니다.

1941년 충칭에 정착한 임시 정부도 더는 이동하지 않고 생활할 수 있어 안정이 되었고, 임시 정부의 독립운동 방향도 바뀌어 광복군을 꾸리고 일본에 선전 포고를 했습니다. 애국단이 했던 의열 활동으로는 독립이 어렵다는 것을 깨닫고 전쟁으로 일본과 싸워 독립할 방법밖에는 없다고 본 것입니다. 김원봉이 이끄는 조선의열단과 광복군이 힘을 합해 나가고 있었습니다. 그렇게 새로운 준비를 하고 있었는데 일본이 미국에 항복했다는 소식이 전해졌습니다.

"왜놈이 항복했다!"

그때 중국에 있던 우리들은 그날의 역사적인 사건을 이렇게 표현했다.

"왜놈이 항복했다!"

우리가 우리 힘으로 그 왜놈과 싸워 승리를 거두고 나서 "우리가 이겼다, 나라를 찾았다!"고 외치는 것이 아니었다. 물론 우리가 아무런 노력도 없이 감나무 밑에서 입 벌리고 있었던 것은 아니지만, 그래도 뭔가 개운치 않은 구석이 없었던 것은 아니다.

우리나라는 일본의 항복으로 해방을 맞았습니다. 정정화는 이 점을 아쉬워했습니다. 정정화의 느낌대로 해방된 조국의 앞길은 꽃길이 아니었습니다. 일제 아래에서 경찰을 했던 사람들이 해방된 조국에서 그대로 경찰을 한 것처럼 일본 잔재가 청산되지 못하고, 나라는 분단을 맞았던 것입니다.

해방된 고국 땅을 밟다

1946년 1월 중순경, 100여 명의 사람들이 짐 보따리를 들고 모여 있습니다. 이들은 누구일까요? 네, 임시 정부 요원들과 그 가족들입니다. 이들은 조국으로 가기 위해 버스 여섯 대에 나눠 탔습니다. 4개월 여정 끝에 상해에 도착한 임시 정부 활동가들은 상해에서 배를 타고 고국으로 떠났습니다. 해방이 될 때까지 다시는 귀국하지 않겠다던 정정화는 14년 만에 해방된 조국 땅을 밟을 수 있게 되었습니다.

1946년 5월 9일, 우리는 상해 부두에 모여 있었다. 광대무변한 거대한 땅덩어리 중국 대륙을 등지고, 발돋움을 하면 보일 것만 같은 고국을 향해 우리는 서 있었다.
간다. 돌아간다. 이제야 나 살던 산천에 간다. 전쟁 난민이라고 미군들에게 업신여김을 당하면 어떠랴. 돼지우리 같은 엘에스티 난민선을 타면 어떠랴. 거룻배라도 좋다. 주낙배라도 좋다. 고향으로 가는 것이라면 일엽편주인들 어떠랴. 우리는 난민이었고 거지 떼였다. 그렇게 추방당했다.
난민선은 서서히 상해 부두를 빠져나갔다. 그리고 조국을 향해 바닷물을 갈랐다. 그 상해 앞바다의 소용돌이 속에 우리는 하고 많은 서러움과 슬픔을 내던져 버렸고, 결코 아름답지 못한 망국민의 기억들을 묻어 버렸다. 다시는 떠오르지 못하도록, 되살아나지 못하도록.

고국으로 가는 기쁨이 정정화의 글에 잘 나타나 있습니다. 고국으로 돌아온 이들을 누가 환영해 주었을까요?

내 나라 내 땅 부산에 와서도, 우리는 곧바로 상륙할 수가 없었다. 콜레라 환자가 없는지 확인해야 하므로 당장 상륙시킬 수 없다는 미군정 측의 전갈이 온 뒤에도 부산 항만 밖에 정박한 채 우리는 배 위에서 사흘을 더 보내야 했다. (······) 미군의 호루라기 소리를 신호로, 미군의 손짓을 신호로 우리는 내 나라에 발을 디뎌야 했다. 그 사흘간, 그렇게도 사무치게 그리던 내 나라 내 땅을 바로 코앞에 두고 물 위에서 둥둥 뜬 채로 묵새긴 그 사흘 동안에 어찌 나만이 이 민족의 쓰라인 운명을 한탄했을 것이며, 어찌 나만이 이 나라의 앞날을 걱정했으랴!
중원 대륙을 헤매며 20여 년을 보냈어도 그 사흘만큼 지루하고 딱한 신세는 아니었다. 그렇다. 비록 제 나라 잃고 남의 나라에 가서 유랑 생활을 했을망정 부산 앞바다의 사흘만큼 딱한 신세는 결코 아니었다.

마침내 사흘이 지난 뒤에야 우리는 부산에 첫발을 내딛게 되었다. 그리고 고국 땅이라고 돌아와 처음으로 들어간 곳이 수용소였다. 난민 수용소, 우리는 난민의 자격으로 돌아온 것이다.

임시 정부 요원들을 환영해 주는 사람은 한 명도 없었습니다. 그들이 난민 수용소에 있었다니 참으로 슬픔이 차오릅니다. 정정화가 걱정했던 것처럼 안타까운 일들은 그 뒤에도 많이 일어났습니다. 정정화는 1991년 91세까지 살았기에 이승만의 단독 정부, 한국 전쟁을 비롯한 많은 역사적인 사건들을 겪었습니다. 하지만 이 책에서는 정정화가 해방된 조국으로 돌아오는 것으로 마무리합니다. 정정화의 뒷이야기가 궁금하신 분들은 정정화가 남긴 《장강일기》를 꼭 읽어 보시기 바랍니다.

정정화 일생

1900년(1세) 8월 3일, 서울에서 수원 유수를 지낸 정주영과 이인화 사이에서 2남 3녀 가운데 막내로 태어났다. 이름은 정묘희였다.
1910년(11세) 동농 김가진의 3남인 동갑 김의한과 혼인하다.
1919년(20세) 10월에 시아버지와 남편이 상해로 망명하다.
1920년(21세) 1월 초, 상해로 망명하면서 중국 생활을 시작하다. 이름을 정정화로 바꾸고, 호를 수당으로 짓다.
1922년(23세) 세 번째 독립 자금 모금을 위해 국내로 들어오다가 체포되다.
1928년(29세) 아들 김후동(김자동)이 태어나다. 한국독립당 창립에 참여하다.
1932년(33세) 윤봉길 의사 의거 직후 상해에서 절강성 가흥으로 탈출하다.
1938년(39세) 임시 정부 국무원 비서로 활동하다.
1943년(44세) 한국애국부인회 집행 위원 겸 훈련부 주임이 되다.
1944년(45세) 한국독립당 선전부 주임에 취임하다. 임시 정부 외교 위원회 위원이 되다.
1945년(46세) 중국 충칭에서 해방을 맞다.
1946년(47세) 1월, 가족과 함께 충칭을 출발해서 5월, 부산항으로 귀국하다.
1947년(48세) 남편 김의한이 독립운동사 자료 수집 위원회를 만들다.
1948년(49세) 김의한이 김구와 함께 평양을 방문하다.
1950년(51세) 한국 전쟁 중에 남편 김의한이 납북되다.
1952년(53세) 아이젠하워 대통령 방한 때 '요시찰인'으로 예비 검속을 당하다.
1987년(88세) 2월, 미완이라는 출판사에서 정정화가 구술한 내용을 기록한 《녹두꽃》이 나오다. 책이 절판된 뒤 1998년 학민사에서 《장강일기》로 다시 나오다.
1991년(91세) 사망하여 대전 국립묘지에 모셔지다.

참고문헌

윤희순

_ 윤희순, 윤희순 실록, 〈증보외당선생삼세록〉 239쪽~353쪽
_ 원영환 외, 《윤희순 의사 항일 독립 투쟁사》, 춘천시, 2005년
_ 정금철, 항일투사로서의 윤희순의 삶과, 여성적 담론 연구, 〈강원 문화 연구〉, 2005년
_ 고순희, 윤희순의 의병가와 가사(歌辭), 〈한국고전 여성문학 연구〉 제1집, 2000년
_ 김양, 윤희순 의사의 중국 환인현 무순 지역 항일독립운동 근거지 재조명, 〈의암학 연구〉 제6호, 2008년

남자현

_ 글쓴이 미상, 조국 광복운동에 핀 꽃, 〈귀인사〉, 1946년
_ 〈조선중앙일보〉 1933년 8월 26일, 8월 27일, 8월 31일 기사
_ 박영랑 외, 남자현 약사, 《독립혈사》, 대한문화정보사, 1956년
_ 박용옥, 윤희순 의사와 남자현 여사의 항일독립투쟁, 〈의암학 연구〉 제6호, 2008년

정정화

정정화, 《장강일기》, 학민사, 1998년

천천히 읽는 책

문장과 문장 사이에서 상상하고 생각하며 읽는 책입니다. 책 내용을 천천히, 그리고 의미를 파악하며 읽는 것은 매우 중요한 독서 태도입니다. '천천히 읽는 책'은 문장에 드러나지 않은 행간의 의미까지 꼼꼼히 헤아리며 읽을 수 있는 다양한 읽을거리를 제공하고 있습니다.

01 나의 주인으로 살아가는 법 원작 방정환, 글 장정희
02 내가 원하는 우리나라 원작 김구, 글 이주영
03 '해녀'와 '테우리' 글 현기영
04 권정생 동시 읽기 안도현과 열아홉 사람 엮음
   2015년 세종도서 교양부문 선정도서
05 국민을 존경하고 사랑한 대통령 김대중 최경환 지음
   연세대학교 김대중도서관, 김대중 노벨평화상기념관 추천 도서
06 남녘말 북녘말 김완서 지음
07 어린이가 읽는 산문 24가지 생각 이호철 지음
08 틀리기 쉬운 우리말 바로 쓰기 정재윤 지음
09 마음이 자라는 교실 편지 박경선 지음
10 쌤, 지금 똥개 훈련시켜요? 이무완 지음
11 잘 배우는 길 주중식 지음
12 초등필수어휘 우리말 관용어 정재윤 지음
13 이럴 땐 어떻게 해요? 황덕현 지음
14 학급 회의 +더하기 이영근 지음
15 아이들이 마음으로 쓴 글 이야기 이호철 지음
16 코딩을 위한 컴퓨팅 사고력 채성수, 오동환 지음
17 어린이를 위한 음악 이야기 한승모 지음
18 독도 가는 길 김일광 지음
19 꿈 하늘 신채호 원작, 이주영 풀어씀
20 용과 용의 대격전 신채호 원작, 이주영 풀어씀
21 생각하는 학교 박물관 오명숙 지음
22 방정환과 어린이날 선언문 오진원 지음
23 논리 짱짱 주장 팍팍 윤일호 지음
24 도시 동네 하종오 동시집
25 피천득 수필 읽기 피천득 원작, 이주영 엮음
26 시애틀 추장 연설문 정명림 지음
27 독립군 노래 이야기 황선열 지음
   2018 우수출판콘텐츠 선정 도서
28 신채호가 쓴 이순신 이야기 신채호 지음, 이주영 풀어씀
29 똥 누고 학교 갈까, 학교 가서 똥 눌까?
   윤태규 글
30 우리 동네 하종오 동시
31 한강 걷는 길 신채호 지음, 이주영 풀어씀
32 대한민국 독립선언서 함께 읽기
   신채호 지음, 이주영 풀어씀
33 대한민국 생일은 언제일까요? 이주영 글
34 권정생 동화 읽기 똘배어린이문학회 글
35 독립군이 된 어머니 윤희순/남자현/정정화
   김소원 글